图像语言
TUXIANG YUYAN ZAI YUEDU JIAOXUE
ZHONG DE SHIZHENG YANJIU

在阅读教学中的实证研究

苏雅文　李沫彦　文英玲◎著

U0330485

中山大學出版社
SUN YAT-SEN UNIVERSITY PRESS
·广州·

图书在版编目（CIP）数据

图像语言在阅读教学中的实证研究/苏雅文，李沫彦，文英玲
著.—广州：中山大学出版社，2023.11

ISBN 978 – 7 – 306 – 07823 – 0

Ⅰ．①图…　Ⅱ．①苏…　②李…　③文…　Ⅲ．①阅读课—教学研
究—小学　Ⅳ．①G623.232

中国国家版本馆 CIP 数据核字（2023）第 102204 号

出　版　人：王天琪
策划编辑：陈　霞
责任编辑：陈　霞
封面设计：林绵华
责任校对：邱紫妍
责任技编：靳晓虹
出版发行：中山大学出版社
电　　话：编辑部 020 – 84113349，84111997，84110779，84110776
　　　　　发行部 020 – 84111998，84111981，84111160
地　　址：广州市新港西路 135 号
邮　　编：510275　传　　真：020 – 84036565
网　　址：http：//www. zsup. com. cn　E-mail：zdcbs@ mail. sysu. edu. cn
印　刷　者：广东虎彩云印刷有限公司
规　　格：787mm×1092mm　1/16　16 印张　238 千字
版次印次：2023 年 11 月第 1 版　2023 年 11 月第 1 次印刷
定　　价：48.00 元

序　一

踏入 21 世纪，语文教育的改革日益受到重视，多元智能、差异化教学、创意教学、信息科技辅助教学等理论的研究和教学的实践正不断展开。在探究学习过程中，以学生为中心，从学习者角度考虑教学设计，让每一位学生都积极参与各种课堂活动，师生之间和学生之间都有高质量的互动。

语文教学不能停留于刻板、单向的课文讲解，而必须由老师灌注教学热诚，借着生动活泼的授课，激起学生强烈的学习兴趣，让课堂焕发着智慧光辉，洋溢着文艺气息，使师生共同得到理智的启发与审美的提升。在阅读教学中，本书作者苏雅文特别注重图像语言的运用。她认为孩子好幻想，想象力丰富，他们的心灵和图像语言最贴近。借图像语言发掘孩子的天赋和潜能，唤醒他们的生命力和创造力，是极富睿智和远见的工作。

随着数字信息与人工智能时代的到来，现代技术赋予了教育越来越多的可能性。同时，在人工智能、虚拟现实等科学技术的加持下，第四次教育革命悄然兴起。个性化的教育方式和学生创造性思维的培养受到了广泛关注。《图像语言在阅读教学中的实证研究》这本书正是在这一背景下而诞生的。作者通过重新审视教育的本质，关注图像语言这一助推教育革命的关键载体与媒介，探索图像语言在基础教育领域的应用价值与实践方法。

本书通过实证研究，为图像语言融入小学语文阅读课程提供了理论依据和实践方法。它不仅从最基础的层面激发学生的想象力和创造力，锻炼他们发现线索、归纳总结、分析联想等关键能力与核心素养，更以大量的教学实践和对比实验，揭示了图像语言是如何影响学生学习和发展的。图像语言对学生的视觉识别和记忆能力具有显著的促进作用。当学生能够调用大脑高效处理图像语言时，就更容易理解知识概念、建立情感联系、保留长久记忆。图像语言的多模态特性更有助于适应学生的个体差异与学习偏好，为个性化教育提供了一种新的可能性。

书中不仅探讨了图像语言在小学语文教学中的运用方法与价值这一主线问题，还对课本插图的使用、图文结合的教学方法、图像语言教材的设计使用等多个问题进行了研究。本书的研究不仅着眼于学生语文学科核心素养的提升，更着眼于培养具备创新和批判性思考能力的未来领袖。书中的理论推断、教学实例、实验分析与结果论证，不仅可供教育工作者和理论研究者参考，也值得学生家长和关心教育的社会大众关注。

这本书不但清晰地阐述了图像语言在阅读教学中的作用，让学与教两方面都能受益增长，更阐述如何藉由课程设计与教学策略加以实现。书中提供相关的教学设计方向和实际范例，让老师们能有效地掌握教学重点和步骤；学生能不断探究，愉快学习，成为一个爱好学习的终身学习者。

作为雅文的师友，我诚挚地向大家推荐这本专书，同时怀着欣慰与期许，盼望雅文秉承一贯严谨扎实的学风，为我们献上更多重要的学术成果。

施仲谋

香港教育大学中国语言学系教授

2023 年 11 月

序 二

  人类历史上，教育的演变一直伴随着社会、文化和科技的变革。从最早的口头传授知识到印刷术的发明，再到数字时代的到来，教育一直在不断改进和适应新的时代需求。如今，我们正迎来第三次教育大变革，这一次的关键因素之一就是图像语言。

  图像语言是一种新兴的教育工具，它结合了图像和文字，通过视觉和文字的互动来促进学习。在这个数字化、信息爆炸的时代，图像语言的重要作用愈加凸显。它不仅可以增强学生的记忆力和理解能力，还可以培养他们的创造力和批判性思维。从这个角度来说，图像语言是课程论与教学论研究者不可忽略的研究对象。本研究旨在研究如何将图像语言融入小学语文阅读课程，以适应教育变革。

  教育是塑造未来的关键，而小学语文教育则是培养孩子们理解、思考和表达的基石。在这个背景下，图像语言的前景无限，但也任重道远。为了更好地理解图像语言在小学语文教育中的潜力，我们首先需要认识到它对于培养学生全面发展的重要性。

  图像语言不仅可以帮助学生更好地理解课文内容，还可以激发他们的想象力，拓宽他们的视野。它能够打破传统的教学方式，使学生更加主动地参与学习，从而提高他们的语文阅读学习成效。此外，图像语言也有助于培养学生的跨学科思维能力，将语文与其他学科相结合，成为培养孩子们思考、表达和理解能力的重要基础。在这一背景下，本研究将深入研究图像语言在小学语文教育中的巨大潜力，强调其在提高学生文学素养、激发创造力和拓宽视野方面的关键作用。图像语言在教育中的前景虽然无限，但也面临着巨大的挑战，包括教师培训、教材开发、课程设计等方面的问题。我们需要认真思考如何整合图像语言与信息技术资源，确保它能够有效地融入课堂教学，同时也要关注教育公平，确保每个学生都能享受到图像语言融入教学带来的益处。

图像语言在小学语文教育中有着巨大的发展潜力，但在过去的几十年里，我们并没有充分重视它。传统的小学语文教材往往偏重文字，忽视了图像与文字的结合。这导致了学生的审美能力没有被充分地培养和发掘出来。

本研究将深入探讨这一问题，并提出解决方案。我们将研究如何重新设计课堂、教材，以更好地融合图像语言，激发学生的审美情感。我们还将探讨如何培养教师的图像语言教育意识，帮助他们更好地利用图像语言来丰富课堂教学。通过这些努力，我们有望弥补过去几十年在图像语言教育方面的不足，为学生提供更丰富、更深刻的语文教育经验。

本研究旨在挖掘图像语言对当今小学语文教育的价值及贡献，深入研究图像语言对学生语文素养的提升，以及对跨学科思维和批判性思维的培养所起到的积极作用。通过研究和讨论，我们希望能够启发更多的人关注图像语言教育，推动它在小学语文课程中的广泛应用，也希望本研究能够为教育决策者、教师和家长提供有力的依据，以更好地利用图像语言来提高学生的语文素养。期待本研究能让读者体会到图像语言在语文教育中的独特价值，并愿意与我们一同探索图像语言的美妙世界。

苏雅文　李沫彦　文英玲

2023 年 1 月于香港教育大学

目　　录

第一章 绪 论

第一节 研究背景与意义

一、研究背景

2019 年秋季，中国教育部开始统一组织编写和使用"部编版"语文教材。语文教材从"一纲多本"恢复到"一纲一本"，从"文选型"教材或"能力训练型"教材转变为"综合素养型"教材（唐萱、姚永强，2018）。教材变化的背后是语文教学理念的革新，因此，语文、历史等教科书的改编又一次引起学界的关注。

目前，国内小学语文课程的改革目标是提升学生的语文素养。一直以来，阅读能力是语文素养的重要核心。因此，从阅读层面提高语文核心素养显得尤为重要。《义务教育语文课程标准（2011 年版）》的"评价建议"部分指出："阅读的评价，要综合考查学生阅读过程中的感受、体验和理解，要关注其阅读兴趣与价值取向、阅读方法与习惯，也要关注其阅读面和阅读量，以及选择阅读材料的能力。重视对学生多角度、有创意阅读的评价。"阅读教学要充分调动阅读主体的能动性，使阅读主体能够将自己的人格、气质、生命意识渗入阅读之中，重新创造出各具特色的艺术形象，对原有艺术形象进行开拓、补充和再创造，激活文字、画面，使其内心世界与外在世界产生认同的阅读体验（杨进红，2010）。确切地说，教师在教学过程中应重视学习者的阅读主体地位和情感体验，为学生提供发现世界、发现自我乃至互相发现的契机。

值得关注的是，2011 年部编版教科书首次把课外阅读纳入语文课程教材体系，使得课外阅读课程化，既肯定了语文阅读的重要性，同时也加大了语文阅读教学的强度和难度。"部编版"教材相较于"人教版"教材在阅读教学上最大的不同点在于：首先，教学重心由"教"转向"学"；其次，教学方法由"读文教学"转向"整合型教学"；最后，教学导向由"文本文字教学"转向"情境阅读教学"（李建军，2011；王志军，2015）。这可以理解为，国家的课程改革以培养学生独立阅读的能力为基本目标，整合型教学要求教师从教学方法到阅读材料的使用策略以及整体阅读环境的创设都做出改变。

当今社会的语言形态，"已经由过去的书面语言为主，发展到近代以来的书面语言和口头语言并重，目前正向书面语言、口头语言和视像语言三足鼎立的态势迈进"（夏家顺、荣维东，2008）。小学阶段的学生仍以形象思维为主。因此，图像可成为他们理解文本内容的重要工具。教材中的插图，即所谓语文教材的第二语言，在2011年部编版教材课程改革中也经历了重大修改。部编版教材中几乎每一页都配有插图，这些插图在内容、风格、色彩及编排上都有很大的改变，融入了丰富的图像元素，提高了插图和文本内容的契合度，意在全面培养学生的语文素养。因此，从语文学科的阅读能力出发，重视加强图像语言的教学，充分利用教材中有价值的插图，使其辅助文字语言以提高学生的阅读理解能力，具有重要的意义。

二、研究意义

（一）图像语言融入阅读教学的意义

随着科技的发展，信息和知识的传播途径越来越多，图像和视频的作用不断凸显。当前，我们的社会充满大量以图像和文字搭配的信息载体，自媒体、传统书籍、电子图书、广告等都会使用大量图像来传达意义。因此，小学阶段语文阅读能力的培养也不应局限于对文字的阅读，掌握良好的图像阅读能力乃当前社会发展之需。

理查德·豪厄尔斯（2011）在其著作《视觉文化》（*Visual*

Culture）中写道："我们都是视觉文化的观看者，但我们的观看只是一种习惯而不是一种分析。"大多数人对于视觉图像仅凭视觉感官或直觉经验去感知表象，而极少以理性、系统的思维加以深入解读评析。在阅读图画书的过程中，对于具备识字能力且有一定阅读经验的读者来说，其对文字语言的阅读驾轻就熟，但对图像语言却有一定的陌生感。一直以来，成人认为图画书中的图像相较于文字，应该更容易为儿童所理解，这种想法是片面的（Nodelman，1988）。有研究指出，长期以来的教育习惯则用"语言思考"，使得大部分学生惯性认为可通过文字阅读理解文本就没有必要对图像进行深入解读。学生的审美能力与思维想象力也因此被束缚，而这两大能力正是阅读能力的重要组成部分。

"图像语言是一种情境式、交互式、全息式的语言，它对学生的语言发展和思维发展具有独特的价值。"（陈夏兰，2019）图像上的各种细节能够被用以无限开发学生的观察力、想象力以及审美能力。"形象的语言学"和"文本的图像学"这两个概念体现了文本与图像的不可分割性。语文课程中文字语言的地位不言而喻，然而，图像语言作为一个重要角色却一直被置于对文字起辅助作用的位置甚至被不断弱化。Seels（1994）提出："高水平的图像阅读能力，需要经过后天学习才能获得，只凭先前经验的刺激是不行的。"Beach（1993）进一步指出："图像的表现形式、呈现的内涵和要素与文字系统截然不同。它们之间的差异需要通过学习它们的构成元素及构成方式才能理解。"在了解图像语言与视觉认知之间的关系后，读者在阅读时所产生的联想与启发以及所得到的兴味，必定是更加丰富的（杨茂秀，2003）。

1954 年，国内在阅读教学领域中首次提出图像的重要性，我国颁布了《改进小学语文教学的初步意见》。该意见强调："图画是阅读教材的一个构成部分，可以帮助儿童理解教材。"1955 年，《小学语文教学大纲草案（初稿）》在阅读指导要求中进一步提出："在阅读过程中要注意引导学生进行图像构建，通过在脑海中构建画面，加强对文本的理解的认识。"新中国成立后颁布的教学大纲或课程标准有十几部之多,这些教学大纲对阅读教学的目的、内容和要求都有着较详细的规范。当然,随着教育不断改革,教学目标内容和教学理念都得到了微调和修正,但贯穿始终的教学目标是提升学生对文字语言理解运用的能力,注重学生情感陶冶与生命体验的过程。阅读的体验性决定了阅读教学不能忽视个体的体验与投入。图像语言识读的过程可称之为阅读主体的阅读经验,但其在教育现场没有进入语文学科教学的主流视野,甚至大多数教育工作者至今未意识到它的存在和它正在显现或者即将显现的不可或缺性。

(二) 选择图画书作为辅助教材培养学生图像语言能力的意义

关于图像阅读,不得不提及学生最常见的教材上的插图。本研究通过对小学教材的分析发现,以往教材中插图具有一定的不足,如插图数量少、图像内容单一、视觉效果差、艺术水平不高等。此次经课程改革后的"部编版"教材虽然在插图的内容和水平上都有一定的提升,但若单纯以此来训练学生图像语言的识读能力还略显单薄。因此,需要为学生提供更多优秀的图像语言阅读材料。

图画书乃当今辅助图像阅读教学的最佳媒介。其原因是:图画书不仅是由一些简单画面表述简单故事,而且运用语言和绘画这两种媒介来创造文学的世界。其因蕴含图画,能为学童提供一种不同于单纯说故事的乐趣;也因包含文字,能为学童提供有别于其他视觉艺术的韵味。

近十年来,不论是引进版图画书还是原创图画书,都呈现高速发展态势;不论在教育、阅读推广、文学研究领域还是出版等领域,在国际上和国内都已然有很高的接受认同度。但其在理论研究和教学实施层面上仍有一些未深入涉足的领地。

1. 理论研究的层面

国内的图画书研究在早期偏重于对各类世界引进版经典图画书的解读,后期则开始重视国内原创图画书,但始终鲜少从图像语言层面进行探讨。对于图像这一重要的叙事维度,国内尚未进行深度的厘清与辨析。学术专著、推广读物中也甚少从赏析图画书中的图像语言及图像叙事等角度展开研究，理论研究的热度与深度间并没有良好的联结。

2. 教学实践研究的层面

一些学者将图画书与文学、儿童教育等结合起来进行相关研究。

在图画书与文学的研究中，任亚娜（2010）从多媒体角度论述了图画书与儿童文学之间的联系，指出图画书教育对儿童阅读的重要性。杨向荣（2020）指出，中国童书特别是图画书的出版要立足于读图时代的文化情境，阐释了其特有的图像叙事建构，明确了童书出版的基本立场，以此建构良性的儿童阅读文化。

在图画书与阅读教学的研究中，Pantaleo 和 Sylvia（2017）指出图画书是高度复杂的多模态合奏，可通过了解符号学资源和视觉模式的可供性来表示和传达意义，是欣赏图画书的艺术性和复杂性的基础。这种多模态作品的构成要求学生有意识地应用学习过程中视觉艺术和设计的重点元素，以发展其视觉能力、审美欣赏和对图画书的理解。蔺方梅（2023）指出教师可以借助图画书来提升学生的阅读兴趣，帮助学生积累语文知识、锻炼思维能力，为学生提升阅读理解能力和语文学科综合素养助力。

上述研究虽然均肯定了图画书对于阅读的作用，但对于图画书在小学阅读方面的教学方法和教学设计的意见还没有达到统一。当前图画书在小学语文尤其是阅读教学中的应用水平还有待提高，一些图画书在教学中的应用存在诸多问题。例如，研究对象单一，研究对象主要集中在学龄前儿童和小学低年级学生。其中，幼儿园阶段大多提倡对儿童运用图画书进行教学，以激发儿童的阅读兴趣和潜力，培养儿童的多元智能；小学低年级学段多用图画书以辅助学生看图写话和阅读能力的培养等，对将图画书应用于小学中高学段教学的研究较少。同时，在研究的内容方面，对运用图画书进行教学方面的研究不多。相关研究往往更注重理论研究，而较少进行实证研究，通过实验运用图画书进行教学方面的研究就更少了。因此，如何将图像语言融入阅读教学，发挥图画书对阅读的辅助作用，提升小学生的语文阅读能力，是值得深思和研究的课题。

第二节 概念界定

本节主要包括三部分内容。首先，厘清图像语言的概念和内涵；其次，阐述图像识读的概念；最后，论述国内外如何探讨儿童阅读图画书之图像语言。

一、图像语言的概念和内涵

（一）图像语言的概念

语言作为社会产生和发展的产物，从结构上讲，是以物质为外壳、以词汇为材料、以语法为架构的一种音义结合的符号系统，是人类交际的工具（苏雅珍，2016）。文字是记录语言的书写符号系统。图像是由符号发展而来的，能够突出体现事物特征。符号逐渐向图像过渡，再后来发展成为绘画，不仅可以用来描述事物的外部特征，还可以表现时间发展状态。

图、文是同源的，在某种程度上我们可以说，图就是文，文就是图，它们有着共同的本质（毋小利，2013）。从美国学者 Mitchell（1986）绘制的"家族相似"的图像谱系（见图 1-1）可以看出，语言文字存在一种亲近且复杂的关系。

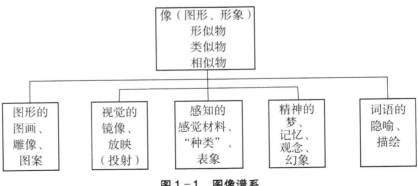

图 1-1 图像谱系

该"图像"谱系由"图形""视觉""感知""精神"和"词语"五种类型的"图像"构成交叉重叠的关系网，可以被理解为图像由感知素材到视觉投射的过程。一方面，精神层面产生具象观念；另一方面，文字语言生成描绘隐喻。Martin（1993）曾描述道：内在可视化事物的能力非常接近词语描述事物的能力。视觉记忆与词语描述间的联系是相当惊人的。

图像符号的本质是区别于文字语言的又一种人类语言，是人类进行叙事和思考的又一种表达和思维方式。通过图像，人类可以进行认知、理解、交流和思考等活动。因此，图像可如文字语言一样具有使人进行言说和思维活动的功能。纵观图像发展史，图像与文字有相似性：首先，二者都是人类记录和交流的"符号"，都被用作递信息、情感交流的工具；其次，随着"图像符号化"的读图时代的到来，图像作为大众交流的重要语言，同样具有类似于文字语言的"语义"和"语法"，如线条、形状、色彩、构图等，形成复杂的图像符号系统，在表达的广度与深度上日趋丰富与完善。

虽然文字和图像有着共同的起源及部分功能的相似性，但二者在表达作用上仍存在一些差异。首先，文字具有时效性，使用起来更加便利，而图像则须借助特定的空间载体，其适用性和便利性不如语言文字。其次，文字虽可表达一些人类思想情感的内在心理活动，但较难完整地描述一定时间中的事物状态，而图像则可以较完整地描述一个时间过程甚至对这一过程进行再现。最后，图像只能描述外在的形象特征，如要领略其表达的含义，需经过思维活动的再加工，且在再加工过程中可能因各人思维方式不同而存在偏差，而该偏差比直接阅读文字更大。综上所述，图像与文字符号的作用可以互相补充。

图像语言是一个宽泛的概念，小到一个简单的符号，大到一个复杂的图形，都是图像语言。其在不同的领域，发挥不同的功能，表达不同的意义。图像语言和文字语言都属于人类的视觉反应。关于图像语言的概念界定，以往文献有以下几种解释。美国学者杜南（2006）在《观赏图画书中的图画》一书中，对图像语言的意涵作出以下阐述："图像语言是指图画中的象征符号，图画中所呈现的符号都蕴含其意义，可从绘画使用的工具或媒材去考虑。"吴丽芳（2008）在研究新课程理念下学生图像语言问题时，将"图像语言"定义为："使用大量的图像表征来表述他们的记忆、观察、感受等，并运用这些图像与他人进行交流的过程。图像思考容纳较多的细节，利用图像进行思考可让学生有磁铁一般的记忆力，从画面中取出记忆。"

以上的定义明显体现出的共识是：图像语言是一种以图画、照片、影视画面等为载体，对客观事物的描述或写真。然而，图像语言的含义并非仅为辨识对象或停留在表面视觉印象，其背后每一个符号的意义都需通过观察、联想、预测、假设、推论、验证的过程，才能有深层的理解与诠释。图像语言可以通过指涉（denotation）和示意（exemplification）两种方式来传达（Doonan，1993）。指涉是指某物体的图画指涉该物体本身，即象征符号的意义等于指涉对象本身。例如，"铅笔"的象征符号指的就是铅笔这样的工具。示意的含义则是当图画想表达抽象的想法或无法直接言明时，可借由图画所描绘的对象进行表达。无论是据实描绘还是通过暗示手法呈现，这些方式均不如指涉方式直接明确，因为指涉所涉及的象征符号具有开放的特性，没有单一的正确答案，需从多种可能中去甄选，通过搜索、验证、假设的过程，最后才能成为诠释的依据。研究表明，图像语言在表征方式上有其自身的灵活性和多样性，利用多种图像语言表征方式进行多方位记忆，易形成空间观念（金磊磊，2012）。

综上所述，图像作为人类创造的另一种语言，运用类比法来看，从形式上同样经历了从简单到复杂、从单一到丰富、从再现到表现的演变过程；在结构上也有着与文字语言的语素、词汇、语法、修辞类似的自身体系。这个体系的理论建立就是从其"构成、关系、层级、意义"等层面，系统、理性地掌握图像符号及其构成规律、结构要素等，在进行正确的理解的同时，更好地创造、利用图像符号。对图像语言的理解、分析和解构需要经过审慎思考，运用推理与推导的方式进行判断、分析、综合与比较之后，形成自己观点与概念的逻辑思维方式，即理性的图像语言分析能力。

在符号学家的眼中，图像是一种图像符号；在语言学家眼里，图像符号是图像的组成部分，又是图像的一种表达方式。所以，图像在形式上，特别是在视觉表现上，文化意象的同一和差异背后存在着一些与语言所共有的传播原则。因此，图像就像文字一样，可从形式上去建构根本性结构原则，如同建构语言的语法。在已知的结构中，无论图像是普遍还是特殊，图像的主题也能够被视觉阅读阐述出来。

图像语言需要我们熟悉其基础构造，才能够在任何视觉环境下对图像进行识别、选取和应用。同时，我们需要熟悉和了解图像语言的基本元素，如点、线、面、形、色与空间等。构成图像语言的造型元素种类很多。Saint-Martin（1990）在《视觉言语的符号学》中指出："空间形状的个体化规则，不是以孤立的或不孤立的元素形式实现的，而是以'元素体'——具有拓扑学结构的结合体的形式而实现的，这些'物质结合体'，在充满活力与能量的结构中，构成了视觉作品的符号法则材料。"这个"物质结合体"可通过对其基本元素的分析，约定形成一种"图像语法"或组织原则，以便于对图像的创造与阐释。例如，对符号对象可以描述为小、中、大，对画面的结构可以分为水平、垂直、上下、左右等，对形状的描述可以采用"敞开""闭合""弯曲"等词汇。图像中存在的这些基本元素一般是随意组合而成的，需通过把握各要素之间的关系，系统学习、连续实践与应用以掌握和归纳一系列可操作、可感悟、可营造的语法规律和原理。

综上所述，本研究从符号学视角来分析图像语言的概念，探究图像语言的基本造型元素、最小象形单位以及最小意义单位等内容，不仅出于了解和分析的目的，更重要的是在其"图像符号层级系统理论"上建构更为理性的、科学的识读图像的规范与规则。

（二）图像语言的内涵

1. 图像语言的层级体系

任何一种语言都存在一定的联系和相关性。语言是依靠规则和规律形成的有组织、有条理的层级系统。

（1）文字语言符号的层级结构。

文字语言符号最底层是一套音位，每种语言的音位数目可能只有有限的几十个元素，却能构成成千上万的不同组合，形成各种不同形式的语言符号。相对于底层而言，语言的上层是"音义结合"的文字符号与符号序列。这一层又可以分为若干子层级。第一子层级是语素，约定了意义，是音义结合的最小符号。第二子层级是词语层，是由语素构成的词语，是语言中具有意义的最小符号序列。第三层级是语句层，是语言中最能完整表达思想与意义的符号序列（如图1-2）。

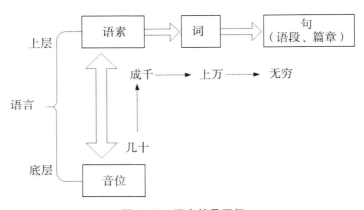

图1-2　语言符号层级

（2）图像语言符号的层级结构。

图像与文字都是人们用以交流的语言符号，都具有符号的能指与所指特性（符号性），所以图像与文字一样，都具备了文字符号的层级特性。Saint-Martin（1990）指出，"图像'语法'就是图像符号的'视觉语言的句法'，即可以通过模仿语言学的句法建立视觉的句法"（Meyer Schapiro，2002）。同时，他还强调"视觉语言的句法规则由运作和功能的设定组成，通过这些运作和功能，知觉机制在多变的视野中、在基本的元素之间建立相互的关系"。但图像符号无法像文字符号一样建立"有限集合"的字母表，也很难独立形成视觉语句，因此，人们只有通过图像符号的"像似性""象征性""类似性"等内在属性，来探究图像符号形式要素的自我建构与表征。

依据人的视觉记忆理论，人眼所见通过视神经的传递到达初级视皮层后，被记忆的是颜色、形状、空间、运动四组参数，即视觉的全部元素。根据此理论可推知：第一，图像语言中构成图像的基本单位及图像符号的基本元素可概括为点、线、面、形、光、色。第二，由这些基本元素构成的图像形体，是对世界事物对象的表征。不论是主观图像还是客观图像，都是由一个个具体事物在人脑中构成有形的世界。由视觉基本元素构成图像符号的规则，可分为"形象像似""结构像似""比喻像似"三种类型，即图像符号的形体。第三，符号的层级系统中，第Ⅰ级符号可以"能指/所指"的整体性成为第Ⅱ级符号的能指。作为单个的图像符号同样也可以"能指/所指"的整体性成为另一个图像符号的能指。以此类推，一幅完整的图像就是由一系列图像符号通过一定的规则和规律结合在一起的。第四，在每一幅图像符号中，不同的符号对象在整个图像符号中分别承担不同的角色。第五，在图像符号内涵所指意义表现上，同样因符号使用者的个体差异性及情境性，其采用的构图法也都各不相同。设计的主要内容有：象征、隐喻、观念、镜头、蒙太奇等，这里我们称之为图像符号的影像。图像语言符号系统层级及其规则如图1-3所示。

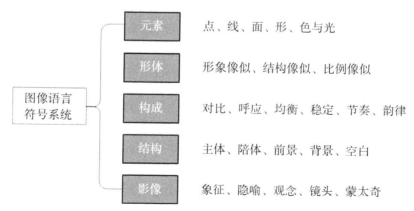

图1-3 图像语言符号系统层级及其规则

图像从语言符号的视角可分为要素、图符、图像文本及图像景观四个层次。

第一层次是要素层，即构成图像基础单位的图像化语素层，一般分为表层的构成元素和深层结构关系图素。表层图像构成元素包括点、线、面、形、色与光等，而深层结构关系则包括位置、方向、稳定、对比、均衡、节奏等相对关系。

第二层次是图符层，是由图像要素构成具体对象，携带意义而被感知的单元，也即每一个图符就是一个真实对象的反映，是对象的可视可感，由此而上升到"图"，成为符号。一个图符，可以是有形的对象外显，由有限的图素或结构组合，也可以是一个意义明确的个体，由一系列图素或结构构成。例如，一块黑板，可以由简单的线条组合构成，而一个国家，不仅需要明确的元素和关系去构成，还需要赋予其一定的"意义"才能构成"国家"的图符。

第三层次是图像文本层，是由一系列图符构成的"图符群"，是"以一定的秩序与规则构成的统一的表意单元"。文本是由一系列语句构成的，而图像文本也是由一系列图符构成的。同时，文本的意义产生于语境，需要秩序化与结构化，因此，由图符构成的图像文本，其内涵超出单个符号对象的表述，更多的是"符号与社会文化"的交融，可以说，图像文本比符号更接近社会文化。

第四层次是图像景观层。如果把图像文本看作一种"超符号"，那么图像景观则构成了"超图像文本"。文本构成了文学作品，描绘了理据性的世界，会引发读者的思考和产生一定的影响。而图像文本构建了世界，人们观看完图像文本后，同样，浮现在人脑中的是图像文本带给我们的思想与观念，或是对社会的理解和文化的重构，是社会文化在视觉世界中的"景观"呈现（胡易容，2014）。

从对图像语言的四个层次结构的分析中，深刻理解图像是一种交流的语言，具有文字语言的结构化特性，为本研究把图像符号视作一种系统的语言提供了一定的理论基础。从微观的图像要素到宏观的景观，从图像元素、结构关系上升到文化世界，这一系列的升华奠定了图像语言构成的同一性与图像符号意义阐释的历时性。

综上所述，图像是一种语言，是承载信息的主要媒介，故研究图像规则和规律就是研究图像语言；从符号学视角来看，图像是一种充满多意义层次的符号，可从图像语言的层级结构来进行探究；图像具有一定的系统性和习得性，可以通过训练与学习掌握其规律和规则。

（三）对图像识读概念的研究

学界许多来自不同学科的人试图定义视觉素养（visual literacy）的概念，但到目前为止几乎没有达成普遍共识。Stokes（2002）在研究中表明，在教学中使用视觉效果可以提高学习成效。该研究主体的基本前提是视觉素养，他将其定义为解释图像以及生成图像以传达思想和概念的能力。Cheung 和 Jhaveri（2016）在其研究中运用了"视觉素养"这一称谓，并认为在课程中引入视觉素养的培养可以发挥关键作用，使学生在高度视觉化的环境中进行批判性和创造性的思考。本研究高度关注小学生教材中的插图及图画书的阅读。这二者主要以图像传递故事，未涉及影像或其他形式的视觉材料，因此，对"Visual"未采用"视觉"或者"图影"等广义称谓，而使用"图像"一词指代。此外，"Literacy"含有读写之意，本研究主要探讨学生在阅读图画书时对图像的解读与建构，因此可以将其释义为"识读"。

早在 1968 年，学者 Debes 就已提出图像识读（visual literacy）的概念，并且逐渐得到国外学术领域及教育界的重视。Fransecky 和 Debes（1972）认为："图像识读是指人类透过整合视觉及其他感觉经验而发展出来的多向视觉能力，上述能力的发展是人类学习的基础。"如今，在数字化时代的大环境下，传统的读写活动在教育领域里不断呈现出新的特点，"读写能力"的内涵也不断地丰富和发展。正如 Seels（1994）所强调的，教育者必须用更为广阔的视角来定义读写能力，读写能力不仅是文字的读写，还应包含图像的读写，就是所谓的图像识读。图像识读的重要性已形成一股颠覆传统语文教育和艺术教育的潮流，并让教育现场开始重新思考语文教育的未来走向。

Avgerinou 和 Ericson（1997）指出：图像识读的理论根源十分广泛，涉及语言学、心理语言学、认知心理学、美学、信息处理理论、哲学及社会文化人类学等。人若具备图像识读能力，且该能力得到进一步的发展，便能够更好地理解或欣赏视觉符号所表达的作品内涵。这里的图像识读能力指能够辨别与诠释生活环境中各种人为或者自然传递的视觉信息，而这种信息包含了对象、符号、动作等。Platt（1988）指出，图像识读不仅可以有助于人了解图像信息，而且人还能以之与他人进行沟通。对于图像识读，Hortin（1983）有进一步的说明。他认为，对图像的理解及运用的能力，就是图像的读写能力。他不但指出了图像识读的内容与形式，同时，将图像识读能力与读写能力相联结，提出了视觉思考与学习能力。

总结以上前人的研究，图像识读最重要的核心概念可被概括为：根据图像符号的色彩、形状、比例以及材质等风格特征对视觉材料、影视图像等进行识别与解读，对图像的内涵与意义进行建构。

（四）儿童画书中的图像语言

杜南（2006）在《观赏图画书中的图画》中写道：不仅是媒材，画中的每个记号，每种质感的呈现，以及钢笔在纸上留下的笔触，不论是细腻或大胆、敏锐或感性，也都吐露玄机。图画作为图画书视觉传递的媒介，其包含的各种图像元素都蕴含着各种具体细微的情感、抽象隐晦的概念或者意念。所有如颜色、线条、形状、比例、媒材、风格等艺术元素的集合，都将表现整部作品的基调与风格。颜色、线条和媒材乃图画书中三个最重要的图像元素，对作品的基调创设和情感表达起着举足轻重的作用。

关于图画书中图像和文字的关系以及图像语言的研究和应用，国内外众多学者进行了深入研究。国外学者 Arizpe 和 Styles（2015）探讨了 4～11 岁的孩子对 Anthony Browne 的一本图画书文本的复杂反应（包括图片和文本内容），强调阅读视觉图像所涉及的高级认知技能，并将视觉与思维联系起来。研究结果表明，一些还不擅长阅读图画书的孩子已经展现出了令人惊讶的图像分析能力。Djonov（2015）等学者以多模态社会符号学的观点，探讨在电视节目中使用符号学资源，如动画、声音、镜头运动等对书面文字意义产生的影响，并认为这些资源的部署可以通过重塑原始图画书中的文字语言和图像语言所表达的意义，潜在地影响儿童观众对故事的参与。Arizpe & Styles（2015）通过对儿童图画书中的图像进行研究发现，儿童是视觉文本的复杂读者，能够理解复杂图像在文字、视觉层面上的含义，能够理解不同的观点，分析信息和情绪，对图画书有清晰的个人反应。他们对于图像的研究展示了视觉素养对儿童图像阅读和理解的重要性。Plummer 和 Mallya（2017）等学者认为图画书对儿童的意义是可以通过两种符号学模式产生的，即语言模式和视觉模式。由于图画的浓缩形式和"文字—图像"的相互作用，它常被认为是一种直接的、易于处理的信息传达手段。因此，读者应该注意图画的语言和视觉细节。

国内学者金玉权（2018）认为，图像语言与文字语言相结合的方法是非常重要的学习方法之一。他总结了图像语言在教学活动中的教育价值和教学价值。在教育方面，图像语言可以提高学习者的视觉空间能力、培养形象思维并且促进美育；在教学方面，图像语言对教学导入、理解概念、促进规律学习等方面具有良好的应用价值。

二、阅读能力的内涵和评量

（一）阅读能力的内涵

《教育大辞典》将"阅读"定义为："一般指默读和朗读，主要指默读，是从书面语言获取文化科学知识的方法，信息交流的桥梁和手段。"该定义从阅读的认知功能和社会作用两方面来阐述了阅读的价值（顾明远，1990）。

《中国大百科全书》（2018）将"阅读"定义为："阅读是一种从印的或写的语言符号中取得意义的心理过程。"即阅读是从文本中提取信息的过程，是个体体验与感知的过程。

美国宾夕法尼亚州阅读能力评价咨询委员会则把阅读界定为"一个读者与文本相互作用并建构意义的动态过程"。从广义上来看，阅读是指对一切形式材料，如文字材料、声音材料、影像材料等的阅读。广义的阅读即个体（读者）与阅读对象（材料）之间相互作用、建构意义的过程（郭成、高淳海、郑雁鸣、王雁玲，2011）。从狭义上来看，阅读是从书面语言中获取信息的过程（管林初，2005）。随着时代更迭速度不断加快，阅读形式不断多样化，阅读材料也突破了传统的文字符号形式。因此，广义上的阅读得到越来越多的认可。在此种认识下，阅读过程中信息的传递是双向的，即强调读者在阅读中的主动建构性，以及阅读过程中读者与文本之间的相互作用。

阅读能力也可被称为阅读素养。素养的内涵既不是基本知识，也不是基本技能，而是个体获取或应用知识和技能的各种能力，以及个体自身的兴趣、动机、学习策略等。因此，素养作为一个"全方位"的概念，是起关键作用的知识、技能和态度的综合（罗士琰、宋乃庆、王雁，2016）。联合国教科文组织在 1948 年《世界人权宣言》中把 literacy 和学校教育相联系，强调素养是在特定情境中对所掌握知识的操作和应用，并非简单的文本阅读和表达，体现的是实践性和社会性。

（二） 阅读能力的评量

阅读能力是学生语文素养的重要组成部分，高质量的阅读评量可为教师和学生提供有效的反馈和指导。而高质量的阅读评量需建立在明确的指标体系上。国际阅读素养进展研究项目（Progress in International Reading Literacy Study，PIRLS）、国际学生评估项目（Programme for International Student Assessment，PISA）、国家教育进步评价（National Assessment of Educational Progress，NAEP）、六层次阅读能力系统是目前国内外较为完善的阅读能力评量的体系（见表 1 - 1）。

表 1－1　国内外阅读能力评价量表

阅读评估体系	国外评估体系			国内评估体系
项目名称	PIRLS（2011）	PISA（2009）	NAEP（2009）	六层次阅读能力系统（2005）
单位	国际教育成绩评估协会	经济合作暨发展组织	美国教育部	祝新华
阅读能力指标	直接提取	进入与提取	寻找/回忆	复述
	直接推论			解释
阅读能力指标	解释与整合信息	整合与阐释	整合/阐释	重整
				伸展
	检验、评价内容、语言和文本元素	反思与评价	批判/评价	评鉴
				创意
文本类型	文学类文本	连续性文本	文学类文本（小说类、非小说类、诗歌类）	文学类文本
		非连续性文本		
	信息类文本	混合文本	信息类文本（说明文、议论文、说服性文本、程序类文本及文件）	信息类文本
		组合文本		

　　本研究采用 PIRLS 评量体系，对小学四年级学生的阅读能力进行比较研究，测量学生的阅读素养。[①] 下面将详细阐述 PIRLS 阅读四大能力评量指标。

---

　　① 本研究采用的 PIRLS 试题中文版均从香港大学教育学院中文教育研究中心（The Centre for Advancement of Chinese Language Education and Research，The University of Hong Kong）网站上获取。相关的网址链接为：https：//www. cacler. hku. hk/hk/research/project/pirls_2021/passage_download/。

PIRLS 把阅读分为四大能力，其中，"直接提取和直接推论"的认知层次较低，即低层次阅读能力，而"解释与整合信息和检验评价内容、语言和文本元素"的认知层次较高，被称为高层次阅读能力。在 PIRLS 中，这两种层次各占 50%。这四大能力指标又可细分为以下各项指标。

1. 直接提取

直接提取即找出文中清楚叙述的信息。读者理解文章内容，首先要由理解词汇和语法所构成的字面信息开始。读者阅读文章的字面意义时，理解的焦点主要放在文章表层形式的词汇和句子上，对之加以辨认及提取出相关的信息。

（1）找出与特定阅读目标相关的信息。

（2）找出特定的观点。

（3）搜索字词或短语的定义。

（4）指出故事的情境，如时间、地点。

（5）找到主题句或主要观点（当文章明显陈述出来时）

2. 直接推论

从文中信息直接推论，读者只需连接两个或更多的观点或信息。直接推论是基于文本的，其意思虽然没有被明确陈述出来，但是文本陈述还是较为清晰的。推论是理解文本最关键的环节，成绩良好的读者能超越文章表层形式的词汇与语法，结合已有知识，获取文章的隐含信息（Pressley, 2002）。直接推论关注较句子或短语层面更多的内容，这些内容既可以是文中某部分的内容，也可以是全文的内容，还有可能是联系局部及全篇的内容。

（1）推断出事件的前因后果。

（2）从一连串的议论推断出主要论点。

（3）找出代名词所指的对象。

（4）辨识文本中所作出的归纳。

（5）描述人物之间的关系。

3. 解释与整合信息

读者在阅读过程中，把文章中不同部分的内容整合成一个内容连贯的整体时，有时需要根据他们的先知经验在内容上做适当的推论和补充，以补足各短句与句群没有明确表达的意义。如果读者不能把文章的内容进行前后衔接或上下串联，便难以理解文章。

（1）识别文本整体信息或主题。

（2）为角色设想另一套行动模式。

（3）比较、对照文本信息。

（4）推测故事中的情绪、态度或气氛。

（5）阐释如何在真实世界中应用文章的信息。

4. 检验、评价内容、语言和文本元素

读者需批判性地处理文章。读者在评价语言形式时，可以根据语言惯例和文本结构方面的知识，分析文本表达意义的方式是否有效或适恰，从而找出文本在叙事方式上的优缺点。在评价文本内容时，读者把自己对世界的认识与文本中所描述的世界相互比较，从而对文章作出价值判断。

（1）评价文本所描述事件实际发生的可能性。

（2）揣测作者设计出乎意料结局的缘由。

（3）判断文本信息的完整性和清晰性。

（4）找出作者对文章主旨的看法。

综上所述，PIRLS对阅读能力的评量以学生的思维层次为焦点。在阅读过程中，学生从直接提取的文本信息出发，逐渐进行预测及推论，再过渡到整合与评价，或是创意设计与表达。对阅读能力的要求逐层提高，是针对低层次阅读能力逐步发展成高层次阅读能力评量设计的。

第三节 文献综述

一、图像及图像语言研究综述

事实上，在当今的中外学术界，图像作为一个学术概念仍然没有

一个可以被绝大多数学者所接受的定义。在众多的理论中，Martine Joly 对图像概念的界定和说明较为学界所认可。这一定义首先承认图像是一种符号类型，并具有相当的代表性。承认图像的符号性是符合其本质属性的，因为图像最初就是作为符号来使用的，而其所具有的相似性、模仿性或艺术性等性质并非其本质属性。Martine Joly 对图像的定义，还指出了图像所具有的两种内涵：一是具有一定数量的可视性转换的规则；二是能够使观察者重新认识现实事物。这两种内涵强调了"看"图像的过程实际上是一种包含了思考过程在内的"转换"（韩丛耀，2010）。

（一） 国内外关于图像的研究现状

目前，有关图像的学术研究可以分为三个主要方向：一是集中于美术范畴内的相关研究，这类研究一般是基于艺术学和美学理论展开的；二是集中于符号、语言等范畴内的相关研究，这类研究视图像为一种符号，并认为虽然其与一般意义上的词语语言符号不同，但因其拥有丰富的视觉文化和象征意义，故而形成了独特的非语言符号系统；三是集中于图像学的中国化这一命题进行的相关研究，顾名思义，这类研究的发端或者要旨总是离不开中国文化及其独特要素的，当然，这也就限定了从事相关研究的学者主要集中在国内学术界。但是，由于近 20 年图像学的中国化这一研究领域，无论是在论文数量还是在学术研究成果上，都在图像学研究中占有一席之地，因此，仍有单独说明的必要。

由于第一类研究主要集中在美术领域，与本研究范围相去甚远，因此，此处不再对其学术思想和研究成果进行详细论述。

沿着第二种方向开展研究的学者大多注重于图像的视觉文化和象征意义，并对此进行了深入研究。例如，Holdcroft（1991）引述索绪尔对"音响形象"概念的解释："我们把概念和音响形象的结合叫作符号，但是在日常使用上，这个术语一般只指音响形象，例如指词"，进而顺理成章地将图像纳入语言符号系统，将其视觉文化与象征意义，同语言学中的"能指"和"所指"联系了起来。这一领域还有著名的布拉格学派、巴尔特等结构主义语言学学者进行过近百年的研究。这些研究内容和成果将在后文关于图像语言的研究现状论述中予以详细说明。

在图像学的第三个主要研究方向上，以国内学者为主的研究人员在图像理论、视觉文化以及文字与图像的关系这三个方面的中国化上都有不同程度的进展（赵炎秋，2021）。其中，以在中国文化和汉语视角下文字与图像关系的研究最为深入。这一研究发端于21世纪初。在影像技术和互联网络快速发展的背景下，图像大有替代文字之势。这种变化趋势促使学者们试图通过学术研究来回应和解决这一现实问题，为传统的文学和文字艺术争取发展空间（赵敬鹏，2022）。

其实无论是学者还是大众，大可不必对图像与文字的竞争过于担忧。王国维先生在《人间词话》中写道："词之为体，要眇宜修，能言诗之所不能言，而不能尽言诗之所能言。"图像与文字的关系也大体如此。文学形象可以分为语言、语象、具象与思想四个维度（赵炎秋，2004）。图像的优势主要体现在具象上，而在其他维度的表现力不但不具有优势，甚至是弱于文学的，特别是在思想层面。

由此可见，文学与图像在表达上完全可以被构建为相辅相成的关系。特别是图像在低龄儿童的阅读与教学中的运用，有着非常重要的作用。低龄儿童对纯粹文字的理解能力还十分有限，而将文字具化为现实形象的能力更受到自身经验不足等客观因素的限制。而图像阅读的出现则恰好弥补了文字在具象表达上的缺陷，有助于低龄儿童理解文字的含义。然而，如前所述，国内相关领域的研究较少。因此，本研究将从图像与小学生阅读的关系入手，从教育学的角度对图像与文字的关系进行新的研究，以实验分析等手法找出这种融合的作用和意义。

近年来，在以上三大主流研究方向的基础上，关于图像的学术研究又呈现跨学科、多范畴交叉的发展趋势。例如，韩丛耀（2010）的跨文化观念、周宪（2008）的文艺学观念、张舒予（2011）的元影像概念和视觉文化领域内的研究，都为图像研究提供了新的思路。在这种趋势下，形成了两项影响较大的新发展，一项是图像语言学的出现，另一项是图像研究的范畴扩展到了动态图像领域。图像语言学伴随着符号学的发展以及图像美术学的研究范畴不断外延而产生，其基本观点是将图像视为一种拥有语言的价值和意义而又异于标准语言的语言。

图像研究范畴的扩展主要是指学者们在开展图像研究的过程中，将研究范畴由静态图像向动态图像领域延伸。这种延伸对图像研究的内容、方法、表征作用都产生了全新的影响，然而其研究尚处于起步阶段，仍缺乏完整、系统的理论支撑。动态图像虽然在教学中已经有相当程度的实际应用，但是，其过大的信息量需要接收者具有相当的读图、记忆和语言表达等综合能力，不适用于以小学生为对象的研究。因此，本研究在研究图像语言对小学语文课程的影响时，仍采用静态图像作为信息媒介和载体。

（二） 国内外关于图像语言的研究现状

在图像语言的研究中，结构主义属于成型较早，理论体系相对成熟的一种学术流派。将结构主义方法运用到图像语言的研究领域，早在 20 世纪七八十年代就已经奠定了相关的理论基础，其中以 Saint-Martin、Catalina Bogdan 的研究最为重要。这一学派认为图像语言可以参照语言学的句法理论来构建自身的句法结构（Saint-Martin，1990）。Saint-Martin（1990）将图像语言的最小构成单位定义为色位（Saint-Martin，1990）。这一概念是受传统语言的最小构成单位——音位的启发而建立起来的。然而，这一理论的不足之处在于，传统语言在音位之上还有音节、字、词（或短语）、句等上一级的构成单位，但是图像语言在色位之上缺乏相应的构成单位，从而使其类比缺乏有力的逻辑支撑。因此，Saint-Martin（1990）只能尝试利用拓扑学模型来奠定其图像语言的理论基础，进而强调了视觉认知在图像语言学中的非凡意义。

此后，图像语言的研究开始进一步向结构主义发展。与 Saint-Martin 的理论不同，Catalina Bogdan 将图像的最小单位定义为构成素（Catalina Bogdan，2002）。这一概念更像是拼音文字中的词根，或者是汉字中的偏旁部首，指的是图像中的颜色、条纹等内容，其本身的含义是模糊的，只有与其他部分相组合，才能构成一个可以从根本上被理解，具有明确语义的字或词。因而，结构主义对图像语言研究的努力将其推入了一个更加被质疑的境地，即图像究竟能否作为一种语言。这是因为它违反了语言需要固定的字（母）和语法的基本内涵（Chomsky，1957）。

在结构主义这一主流学派之外，还有一些学者对图像语言的研究进行了不同的尝试。例如，图像学的创立者 Erwin Panofsky（1955）也许是意识到了"结构主义"的理论弊端，转而将图像符号作为确定意义的一种概念，因而放弃了建立句法关系的尝试。这种研究尝试也产生了很深的学术影响。此后，有学者进一步运用拓扑学理论发展了 Erwin Panofsky 的图像学，参照拓扑学的团块概念，将图像语言的研究对象重新划定为成团的物质和现象的动态性，打破了结构主义关于最小单元的定义模式与思想逻辑，而将图像单元的定义基础转换成了视觉感知的特殊结构（刘晋晋，2014）。

虽然 Erwin Panofsky 及其追随者试图弥补 Saint-Martin 等人理论的不足，但是，如果不跳出结构主义的窠臼，就无法使图像语言研究取得新的突破。而一旦不再将图像语言作为同汉语、英语一样的传统语言种类，而是将其视作一种被赋予某种信息并能传达给其他人的载体，那么将图像语言视为一种语言，就是理所应当的了。如果图像系统的确可以在两个或两个以上的个体之间建立交流关系，那么这一系统在莫斯科-塔图学派那里，就天然地成为一种语言，而不必再为其梳理符合语言内涵的基本要素了（Lotman，1976）。

相较国外主流学者的研究而言，国内学者得益于相关研究的起步较晚，因而在综合前人研究成果的基础上，天然地突破了结构主义的局限，而是将主要精力放在了关于图像内涵的演绎及图像语言的应用实践上。但是，以韩丛耀教授等专家教授为代表的国内学者也从不同角度对图像语言的基础理论进行了研究，并从后符号学等理念和范畴出发重新审视这一学术问题。甚至也有一些学术研究继续沿着结构主义研究方向，探寻图像语言的基本构成单位以及句法等问题，但由于本研究并非图像语言的理论著作，因此不再一一列举这些学者的研究成果。不过，这并非说这些学者的研究内容及其成果不重要，只是碍于篇幅和阅读难度的限制，只得权且如此了。

相较于基础理论的发展，事实上，本研究更加关注适用于汉语体系和中国民族文化特点的有关图像语言在实践系统中的研究成果，这对本研究也更具参考性。而且国内学者对这部分内容的研究也取得了不少成果。其中一点是体现在图像语言与文字语言的关系上。

国内学者对图像语言和汉语语言的关系做出的一系列研究表明，学界普遍认为图像信息和文字信息具有非常相近的功能和性质，这也是图像语言越来越受社会重视的一个重要原因。例如，有学者指出，图像语言反映到书籍和文字作品中，可以对文字内容给予一定的补充和说明（陈千雪，2021）。学者熊峰（2016）则更进一步地指出，图像语言不只是文字的一种补充，它自身可以准确地传递和阐释信息，因而能够通过裁减等修改手段，对所载的信息进行再编辑，从而引导接收、产生完全不同的理解。

此外，笔者还想单独对图像语言研究中一类不太引人注目的研究方向进行讨论和说明。这一研究方向主要探讨图像语言作为一种重要的教学工具对教育实践的重要意义。事实上，这一研究方向及其研究成果也是众多与图像语言相关的内容中对本研究最具参考价值的内容之一。近年来，国内学者在相关领域的研究不但取得了一定成果，而且加入其研究讨论的人员中既有专家、学者，也有实际参与到一线教学中的教育工作者，这就使得这些成果更具实践指导意义和理论参考价值。

上述图像语言的实践研究已经渗透小学、中学等各个学龄阶段和各个学科教育之中。例如，图像语言在高中物理教学中被认为可以使发端于人们现实生活和自然界的抽象的物理学概念更加具象化（李晓朴，2019）。而在高中化学教学中，图像语言更是从始至终必不可少的，甚至它对于帮助人们建立完善的学科知识与能力系统都是至关重要的存在（金双娇，2016）。至于在初中美术教学中，图像语言则被认为可以帮助学生培养创新能力和审美能力（余志江，2020）。在学龄更小的学生群体中，图像语言阅读也已经受到了关注。研究者针对图画书或绘本在二年级学生中的阅读情况做了调查和研究，从而提出了相应学龄学生提升阅读和表达能力的方法（陈夏兰，2019）。这些研究既包含了教学理论，也囊括了教学实践与实验，对学生理解图像语言的能力、相关影响因素等内容都有所涉及。

二、多模态理论在语文阅读中的应用

（一）多模态理论的主要内容

从狭义上来说，模态即感官，可分为视觉模态、听觉模态、触觉模态、嗅觉模态和味觉模态。其中，与话语分析和课堂教学最紧密的是视觉模态和听觉模态（Zagidullina，2017）。从广义上来说，模态即符号。模态即交流的渠道和媒介，包括文字、图像、颜色、音乐和技术等符号系统。一个多模态语篇蕴含着多种符号系统或符号变体，但不一定会涉及多种感官（Parcalabescu，Trost Frank，2021）。模态是信息传递和交流的形式。人有视觉、听觉、触觉、嗅觉和味觉，信息的媒介有语音、视频、文字等。上述的每一种信息媒介都可以被称为一种模态（范玲，2013）。多模态指的是包含两种或以上的模态。

多模态意味着一条讯息或一个文本由多种模式构成，如整合视觉、听觉、姿势和空间模式（杨迪和王晓环，2013）。解读多模态文本要求读者除了知晓书面语言的结构、版式和图像元素之外，还要了解视觉设计的惯用手法。多模态语篇在一定时空内涉及两种以及两种以上的符号系统。例如，运用文字、图像等各类符号资源来表达意义的有结构、有意图的静态或动态符号产品。

狭义的多模态理论即多模态话语分析理论，相关的研究最早开始于 20 世纪 80 年代。Halliday 和 Mathiessen（2013）提出"把语言作为社会符号"的论断，其理论基础是系统功能语言学。到了 20 世纪 90 年代，Kress 和 Van leeuwen（1996）提出，用多模态这个术语表示我们交际的方式很少由一种语言来进行，而是同时通过几个模态，通过把视觉、声音、语言等结合起来进行。随着多模态理论研究的深入，多模态话语分析理论开始被运用于各种教学中。1996 年，新伦敦小组首次提出多模态应该与语言教学相结合，认为教师应在教学中调动学生多种感官，促使感官间互相配合以进行语言学习，进而培养学生多元听说与识读能力。

"多模态话语"指运用听觉、视觉等多种功能感觉，通过语言、图像、声音、动作等多种符号资源和手段进行交际，打破原有仅从语言本身出发的传统语言分析方式，将其他符号系统整合分析，注重色彩、图像、动作和声音等非传统语言系统的符号，在视觉、听觉甚至触觉和嗅觉等方面的行为学符号组合模式，在话语表达与传递中扮演的角色和发挥的作用（Kress & Van leeuwen，2001）。

其后，国内学者进一步丰富了多模态理论。模态是指交流的渠道和媒介，包括语言（包括口头语言和书面语言）、技术、图像、颜色、音乐等符号系统（张德禄和王璐，2010）。人们感知世界的五种通道——视觉、听觉、触觉、嗅觉和味觉对应产生了五种交际模态——视觉模态、听觉模态、触觉模态、嗅觉模态和味觉模态。综合运用五种模态中的两种或多种，通过语言、图像、声音与动作等多种手段和符号资源进行交际的现象，就是多模态话语（张德禄和丁肇芬，2013）。

国内学者虽然在理论方面也取得了一定的研究成果，但总体上并没有脱离前人的理论模型与研究结构。近年来，国内学者更多致力于对多模态理论的实践和应用进行研究，即对具体内容的多模态话语分析。这些研究多以中国海洋大学张德禄教授等国内著名学者建立的多模态话语分析框架为基础，从文化层面、语境层面、意义层面、形式层面和媒体层面五个层面依次展开（张德禄，2009）。这些研究多以电视剧、舞台剧等具体作品为对象，以推动相关领域或作品发展与多模态理论应用为目的。例如：李泗（2021）以《美丽中国》的纪录片为对象，发现在介绍祖国山川、文化和物产等内容从而建构我国整体形象的过程中，运用多模态话语可以使这一形象更加具体和震撼。徐心懿（2019）以新媒体领域的小视频为研究对象，以多模态话语分析方法，研究了不同行业信息流广告中多种意义的建立和差异，并试图在理论方面对前人的研究结果进行修正和补充。

广义的多模态理论除包含多模态话语分析理论外，还包括多模态隐喻研究及多模态教学等内容。对多模态话语分析的相关研究和理论成果已在前文进行了综述，接下来，我们将在本节的后半部分对多模态隐喻的研究进行探讨，至于与多模态教学相关的内容，则留在下一节进行详细论述。

国内外学者对多模态隐喻方面的研究，在理论成果的数量和影响上仍不及多模态话语分析，但其所涉及的研究领域和研究对象反而更加广泛。多模态隐喻研究所涉及的领域和对象不仅包含了多模态话语分析应用所涉及的几个领域，还包括商业品牌、民俗文化、产品设计等众多内容，给予学者和大众更多深层次的启发。此外，即使同样在影视作品等多模态话语分析研究所经常涉及的领域，多模态隐喻的研究对象也不再局限于多语种文本之间、文本与图像之间等常见内容，而是增添了更加丰富的研究资料。有的学者在对国际化品牌名进行研究时，从"识别度""好感度""独特度"三个多模态感知维度，分析研究影响品牌名称的因子，建立了理论分析模型，并通过这一模型厘清了研究对象的感知与认知特征，进而对其研究结果的应用提出相应观点（王蕾，2016）。还有学者对 3～6 岁低龄儿童的隐喻认知进行研究，发现低龄儿童隐喻生成源域的表征都显示出了多模态性特征，并建议在相关认知教育上提供多模态工具，以助推儿童认知能力发展（董文明，2014）。更有学者专门将涉及疫情防控的新闻报道作为研究资料，探究了其中的隐喻情况，从中得出了多模态隐喻在应急语言能力方面的强大力量，为应急语言能力的进一步发展提供了有力依托（战海英，2022）。同时，学者郭洁（2022）将多模态隐喻研究引入了产品外观设计领域；学者李丽娟（2021）将企业文化同多模态隐喻相结合。类似的新颖的研究课题和丰富的研究内容不胜枚举，可见多模态隐喻研究所涉及的范围之广，以及对各个学术领域的渗透之深。

（二）多模态教学与语文阅读能力培养

阅读是开阔眼界、搜集信息、学习知识、发展思维、培养情操的重要途径之一。《关于全面深化课程改革落实立德树人根本任务的意见》（2014）提出要制定适应各学段的学生发展的核心素养体系。语文阅读的核心要素不仅是授予学生文字语言及其所蕴含的意义，还应该授予学生多重视角的思维方法和思考方法。如果能够结合文字、图片、图像、音频、视频、行为等多重材料进行多模态系统教学，不仅能够使学生从多层面、多角度、多视角进行语文阅读，还能够帮助学生学会思考甚至进行批判性阅读；不仅能增强学生的理解能力，还能够从视觉、触觉、听觉等多方面培养学生的语言智能、空间智能等多元智能。同时，这些智能还可能帮助学生提升数学、英语等其他学科的阅读能力。

教育部发布的课程教育标准指出，要培养学生能读懂不同体裁的文章，理解图表信息，理解文章大意，找出关键信息，并掌握一些简单的阅读技巧，如猜词、略读、寻读等。课程标准也鼓励教师利用多种资源创建真实语境，开发和利用网络、图书等资源，为学生提供丰富的语言学习材料，拓展学生学习的渠道。

语文阅读能力培养可以从认知、情感和行为三个维度进行。第一，认知维度是指学生对阅读学习的目的和意义的理解。认知水平是学习态度的基础，代表学生对阅读学习的看法和评价。第二，情感维度是指学生对阅读学习的求知欲，表现为学生对阅读学习的喜爱或厌恶。如果学生对某事有了特定的情感，那么，这种情感将会对其选择和行为有很大影响。第三，行为维度是指学生在课上或课下对阅读活动的参与度。行为由认知和情感维度作用而形成，是个体内在心理的外在表现。而目前多模态的教学模式不仅可以丰富教学形式，增强学生的兴趣，增加教师和学生的互动和交流，还可以通过多模态教学引导学生运用视角、触觉、听觉甚至行为等多种形式进行语文阅读理解。这种多模态教学模式可以帮助学生构建多重语义、多重思维和多重画面，增强学生对阅读素材的理解和认识，培养学生的多元智能，使得学生的阅读能力提升更快，记忆更牢。

早在公元前 4 世纪，多模态的相关概念和理论就被哲学家和艺术家提出来了。20 世纪 90 年代，这个概念被语言学家应用于教育学和认知科学领域。1996 年，新伦敦小组（New Lonelon Gyop，1996）首次将多模态话语分析运用到语言教学，他们认为培养学生交际和社会活动的参与能力是教育的主要任务。目前，多模态理论主要被应用于英语阅读教学中，包括用在初中英语、高中英语和商务英语的阅读教学中。这是因为其目前英语阅读课程存在学生兴趣不高、积极性不足、课堂氛围不够活跃、教课内容不易理解等问题，很多学者希望通过多模态的方式加强学生语言表达和沟通能力（Cazden，Cope，Favrclough，et al.，1996）。这种多模态的教学方式可以通过图片、音乐、表格以及肢体语言等多种载体进行呈现，克服了单一模态的不足。在教学中加入图片、音乐等多种模态的资源和素材可以提高学生的积极性，也可以调度学生多个感官的协作，进而加强学生的学习效果。已有实验和研究也证明了这种多模态的教学方式可以提高学生的学习效果（Meneses，Escobar，and Vélrze，2018）。

随着科技的进步以及教育目标和教育理念的发展，传递信息的方式和方法也愈发多样化，信息传递的方式不仅包括书面文字和口头语言，还包括肢体语言、图像、音频、视频、图表等，这种多模态的教学方法有助于提升学生的整体阅读能力（Haggerty & Mitchell，2010；Boshrabadi & Biria，2014）。目前，我国已有关于多模态理论在语文阅读中的理论研究和实验干预研究还比较欠缺。虽然在语文教学的实践领域，早已有教育工作者尝试运用类似的方法开展相关教学工作，但理论研究和科学实验的缺乏，使得这种教学探索缺少有力的指导，方法仍然比较初级，成效也比较一般。最近几年，这种新的教学方法已经渐渐引起了国内学者和教育工作者的注意，他们开始尝试进行一些科学的研究。李可心（2019）以语文课文《故都的秋》为研究对象，探究多模态教学在激发学生听、视、触等感觉器官中的重要作用。彭彦（2021）在研究高中语文教学设计时，运用多模态理论训练学生进行多重读写，并强调了多模态资源运用和多模态整合对当前语文教师和语文教学的重要程度。王亚军（2020）则把研究对象对准了多媒体课件的设计和应用，在多模态话语分析理论框架内，将文字、图像、表格以至于声音、动态图像等资源融为一体，形成现代技术与教学理念碰撞下产生的新课件设计，并以这种新课件作为实践研究的资源，进而为教学阶段的多模态语文课件设计与应用提供相对完整的方法、理念。语文教材中的插图相较于教师自己制作的课件而言，是一种更加便捷的教学资源，这一领域的多模态教学研究也引起了学者的注意。有学者对小学语文教材中的插图进行了多模态话语分析，运用多模态理论对其编绘、使用的现状进行了研究，指出其多模态要素缺乏的不足，并基于相关理论提出了中肯的意见（苏玉婷，2021）。

综上所述，经过学界相关研究者的努力，多模态教学研究在理论和实践领域都已经有了一定的建树和发展，但相关研究仍然比较零散，缺乏系统性和相互合作，理论深度和实践样本都存在一定的局限性。因此，我们也必须承认，这一研究领域距离相对成熟仍然有很大差距。这就需要教育领域的学者与一线工作者相互协作，继续投入精力和成本进行研究和探索，相信这种付出是具有充分价值和意义的。

事实上，开展语文阅读多模态教学的研究，不仅是教育教学的需要，而且是当今时代语文阅读的内在要求。如今的语文阅读文本的信息载体已不只是书面文字或口头表达，而更多的是通过图片、图表等形式呈现，这就使得语文阅读需要向多模态阅读过渡。具体到语文阅读教学中，教师通过加强图像、图片、符号以及表格等多种信息载体和语言符号的组合和搭配，可以调动学生的视觉、触觉甚至听觉等多种感官，从而调动学生的阅读积极性，提升其语文阅读能力。为了实现这些目标，本研究尝试将多模态教学方法应用于语文阅读教学中，同时以图画书作为主要的教学实验工具，借鉴与图画书相适应的图像语言教学方法以提升学生的语文阅读能力。之所以选用图画书，是因为其作为多种信息的载体，对信息的呈现更深刻、更具有观赏性，而在幼儿阅读教学实践中运用图画书的经验也印证了在多模态教学中使用图画书以及多模态教学方法本身的可行性（Chen，2012）。此外，图画书还具有图文并茂、画面生动、故事性强、内容丰富、形式新颖等多模态的特点，因而更加适用于小学语文阅读课程的教学实践。关于图画书的具体学术研究情况，笔者将在下一节中进行详细论述。

图 1-4 和图 1-5 为单模态教学和多模态教学的特点。其中，多模态教学只是方法，目的是培养学生的多元智能，可以通过引导学生进行概念、知识和思想等内容构建的方式进行。

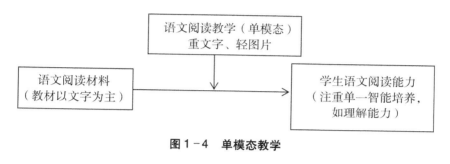

图 1-4 单模态教学

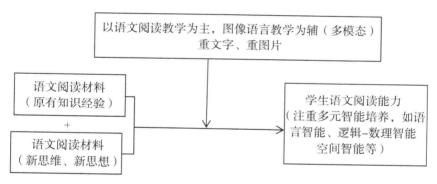

图 1-5 多模态教学

三、图画书在小学语文阅读中的价值研究

图画书，顾名思义，指的是一类以绘制出的图画为主的书籍。当前，国内也有不少人群或出版机构直接使用其日语名称"绘本"或对应于规范汉字写法"绘本"的，但其所指的书籍种类一般被认为是基本一致的。这类书籍大多面向儿童或青少年，因其文字少、内容

吸引力强，也就天然地适合于儿童阅读。事实上，也有一些专门以成年人为目标读者的图画书，但相对来说无论是体量还是受众比例都比较小。虽然绘有图画的书籍出现得很早，但现代意义上的图画书一般认为是起源于 19 世纪下半叶的欧洲，并于 20 世纪 70 年代传入我国。至于图画书作为一种教学工具和手段，则在近 30 年来才被广泛运用。

Bogner、Raphael 和 Pressley（2002）提出，阅读教学不仅可以提升学生的语文能力，增加学生的阅读数量，还可以拓展学生的阅读层面。Wigfield 和 Guthrie（1997）指出，教师运用有效的阅读策略不仅可以培养学生的阅读能力，还可提升学生阅读的自我效能。日本学者松居直先生（1995）提出，图画书是儿童学习语言、识字、提升阅读理解能力最好的教材之一。国内不少学者对图画书教学和学生阅读做了相关的实验研究，北京师范大学的李虹（2010）曾以 300 名低年级小学生为研究对象，通过一年的教学实验干预，探讨了不同形式阅读教学对儿童字词学习的影响。研究结果发现，文字大书最有利于学生字词知识的获得；而彩图大书能最有效地激发学生的阅读兴趣。彭桂容（2012）在其研究中建构阅读教学和识字能力之间相互影响关系的模式，透过对 30 名中班幼儿进行教学实验干预，发现将图画书融入阅读教学对提升幼儿的阅读兴趣有显著的成效。刘思玉（2018）运用观察法、访谈法对 60 名中班幼儿在阅读兴趣、基本阅读行为、言语伴随行为、阅读材料理解以及幼儿自主阅读的互动行为等情况进行观察统计，研究发现，中班幼儿对图画书有自主阅读的互动行为和较强的学习动机。

虽然图画书在儿童、青少年的阅读教学中具有一定的积极意义，但在教学或阅读的实践过程中，图画书阅读教学也具有十分显著的不足。其一，在现代出版业蓬勃发展，加之网络图书技术越发成熟的前提下，数目、体量巨大的图画书在内容和制作质量上良莠不齐，其题材、层次、适于阅读的年龄也有很大的差别。这为教师在教学实践中挑选适宜的图画书带来了很大的难度。一旦没有选择好合适的书籍，会使得阅读教学达不到预期目标，甚至适得其反。其二，相较于传统语文阅读的教学教法，图画书阅读教学仍然不够成熟，因而在实践中大部分教师的教学方法相对单一，相关的教学理论支撑也相对薄弱，久而久之，既难以达到长期激发儿童或青少年阅读兴趣的目的，也难以充分发挥图画书的作用。其三，在图画书教学的实践中，有普遍将图画书阅读教学简单替换成"看故事"的现象，即帮助儿童或青少年看懂图画书所绘故事的来龙去脉甚至主要情节，就认为完成了图画书的阅读，而忽视了多模态教学的运用，忽视了书本背后的思想性和启发性。

这也是图画书阅读与教学在实验干预和研究中表现出的显著价值并没有在日常教学以及其他具体实践过程中得到完全体现的原因所在。面对图画书阅读教学的不足，相关领域的国内学者和教育工作者在最近几年开始对图画书的运用方法与策略开启了进一步的研究。秦月（2020）在研究中建议图画书阅读应该反复进行，每一遍阅读都应有其不同侧重点，并且层层递进，彻底发挥图画书的全部价值。另外一些学者则以教学实践为依据，归纳出更加具体的教学策略和方法。例如，吕志敏、董晶晶（2018）在研究小学语文教学中的图画书阅读时提出，只有依次运用"引导看图，品味图画""讲读语言，感受积累""引导猜想，激发想象"和"感悟内涵，分享体验"四种策略引导学生阅读，才能利用好图画书这一重要的课程资源，进而开展好小学语文教学，并指出这一阶段的语文教师首先应当注重自我提升以及加强对图画书的认知。

关于图画书在阅读教学中的应用策略，国外学者们也有很多研究并获得了相应研究成果。

综上所述，图画书因其所体现的独特优势与作用而被众多教师和相关领域的研究学者作为重要的教学资源引入课堂。图画书不只是用来学习文本叙事的教材。在语文课堂上，图画书以独特的结构将文本与图像的叙事进行完美结合，从而碰撞出更多的信息流。因此，若图画书在语文学科上的价值被理解为纯粹用来辅助学生提高阅读或者写作能力，则会误导教师与学生对图画书的认知和使用。图画书里的文字不单是提供给学生学习语言表达的文本或设计故事结构的范例，图画书中的图画也不单是用来激发学生的理解能力。由于图画书中的图画和文字具有既相互限定又相互补充的特性（二者有相似功能，但其本质内涵与学习方法又有很大不同），因此，我们需要对图像语言进行更进一步的探索，从而更好地融合文字语言和图像语言，使图画书阅读教学更加有意义。

四、国内外图像语言融入阅读教学研究的现状

（一）已有的国内外关于图像语言对阅读能力影响的研究

1. 图画书对学龄前儿童及小学生阅读能力影响的研究

首先，图画书可以缓解儿童语言发展迟缓的问题。此前，已有研究表明，部分 2～3 岁的儿童经历了表达性语言延迟，而对这种障碍越早进行干预，在以后的学习中则越具有优势，且这种优势可以持续。及时对这些幼儿进行纠正，他们未来的学业问题可以得到缓解或减少。Cronkleton（1997）通过对 3 岁的双胞胎男孩进行跟踪研究发现，图画书阅读在纠正表达性语言延迟方面具有较好的效果。研究者采用对话式阅读的方法给男孩们朗读图画书的内容。这种干预每周进行两次，持续五周。通过实验发现，孩子们增加了他们说话语句的长度。这表明他们内化了语言，并证明了图画书阅读可以缓解儿童的表达性语言延迟问题。

其次，图画书的早期阅读对学童后期的语言、读写能力发展有一定的影响。比如，Wells（1986）的研究表明，儿童在 1～3 岁之间听故事的时间与他们 5 岁时的语言技能和 7 岁时的阅读理解能力显著相关。Stevenson & Fredman（1990）发现，学龄前儿童进行亲子共享阅读的频率与他们 13 岁时的阅读、拼写和智商得分之间存在显著相关关系。另有研究表明，图画书作为一种支持学童追求知识的手段，不仅能够传递其艺术流派的思想，并且在识字中发挥重要作用。（Hertzog Nancy B. , Kaplan Sandra, Beltchenko Laura, 2016）。

再次，随着年龄和心智的成长，儿童达到小学学龄后，阅读图画

书可以直接影响他们阅读图像、阅读文字以及将二者结合阅读的能力。学者通过对这一阶段学生的课堂进行观察和整理分析，并综合教师访谈情况得出结论：图画书对小学生上述能力的影响都是正向的（孙倩倩，2020）。上述研究还指出，图画书阅读教学可以加强该年龄段学生对色彩、图形、构图、图文关系和图文叙事功能差异的认知，但需要有意识地在图画书阅读教学中运用适当的策略与方法进行培养。

最后，有学者在前人研究的基础上总结发现，关于图画书对幼儿阅读能力等影响方面的研究，大多是从成人视角甚至是学者视角进行的，这些研究几乎不约而同地忽视了阅读主体特别是幼儿群体自身对图画书的认识与看法（苗松，2021）。于是，上述学者分别探访了一所位于农村的幼儿园和一所位于城市的幼儿园，同两所幼儿园内的32名大班幼儿进行谈话和交流，记录并掌握这些幼儿自身的想法与认识。相关研究者以幼儿视角重新研究了这一课题，发现幼儿对图画书及其价值的认知与成年人并不相同。因此，图画书阅读教学能否起到此前所述的影响，还取决于其阅读方法或引导阅读的方法是否符合幼儿自身的认知和需要。同时，相关研究者在研究中对这一结论进行了有力的论述。例如，一名幼儿表示因为教师在课上的频繁提问而不愿在课上听图画书，可见教师没有从幼儿视角进行教学实践，导致这种无效的图画书阅读教学不但没有正向提升幼儿的阅读能力，甚至有可能起到相反作用，消解了幼儿的阅读兴趣。

综合以上研究结论可知，图画书虽然具有影响儿童阅读能力的作用，但是这种影响是否能够充分发挥、其具体影响有多大，不仅与图画书阅读相关，还与阅读、教学的方法有着很大关系。

2. 图画书对中学生阅读能力影响的研究

Grundvig（2012）认为基于语言和视觉表达之间的内在交互，图画书插图可以呈现很多关键信息，因而读者的可视化能力将会扩大他们对文本的参与度以及进一步阅读的动机。基于此，Grundvig 采用定量和定性相结合的方法，探索了八年级学生在阅读图画书时对阅读策略的使用，尤其关注其中的解码和可视化运用。研究结果表明，随着读者的解码和可视化技能的扩展，英语课堂中的图画书可以提高学生的阅读理解能力，其中很重要的原因在于书面和视觉文本的密切关系。

Febriyanti（2020）试图通过图片系列使用匹配策略提高十年级学生对叙事文本的阅读理解能力。他们引入和开发这一策略，通过更有趣和更具挑战性的技巧，使学生在学习过程中更加积极和负责。这项研究表明，图片系列使用匹配策略的确可以帮助学生提升叙事文本的阅读理解能力。

从上述研究可以看出，国外学者对相关领域的研究得到了比较统一的结论，即图画书和图像在学生阅读中起到了重要作用。正如 Rasinski（1985）所指出的那样，图像可以作为一种有效的教学工具。他认为图像和阅读之间的联系是具有很大研究价值和应用价值的。

国内学者关于图画书对中学生阅读能力影响的研究较少，研究主要集中于英语阅读与教学范畴。例如，张萍萍（2014）探索了英语图画书作为辅助材料应用在初中英语教学中的一些问题，但该研究主要探讨了其在教学中对学生学习兴趣、语言运用和语言环境方面的影响。图画书阅读教学对学生阅读能力的影响，张萍萍虽然在文末给予了认可，但并未展开说明。此前的一些学者在研究相关内容时，大体上也认为图画书对较高年龄段学生的影响主要集中在学习兴趣和学习效率上，对于是否影响阅读能力，要么不置可否，要么不以为意（褚颖，2011；孙茜，2013）。随着时间的推移和研究的深入，图画书阅读教学对中学生阅读能力的影响，也逐渐引起了国内学者的关注。延安大学的武娟（2020）就以 80 名七年级学生作为教学对象开展教学实验并得出结论：英语图画书阅读对七年级学生的阅读兴趣和阅读能力都有着积极的影响。

此外，还有不少国内学者对图像与中学生阅读能力的关系进行了研究。虽然图像的作用与影响并不能直接等同于图画书对中学生阅读能力的作用与影响，但在相关领域直接研究较为缺乏的情况下，上述研究也可以为本研究课题和相关理论提供一些佐证。徐艳波（2014）对图像阅读与中学语文阅读关系的研究在国内是相对较早的，其认为图像阅读对语文阅读的影响既有积极的一面，也有消极的一面。根据徐艳波的研究，图像阅读的积极影响集中在调动阅读兴趣、增加阅读渠道和提高阅读效率等方面，而消极影响则是会干扰学生习得对话、养成习惯和建立语感。与同时期不少研究者对图像阅读在儿童、少年阅读能力方面影响的忽视和不以为意不同，徐艳波对这一问题的结论比较明确：虽然他表面上一再强调这一问题具有复杂性和两面性，但在字里行间中仍表现出其对图像阅读给学生阅读能力带来的负面影响的担忧。笔者认为这种担忧是不无道理的，在其他学者和笔者相关的研究中，也可以看出因缺少良好的教学指导、思想认识和方式方法，图像阅读很有可能走向浅显化和娱乐化。

有学者对此做了更加深入的研究。刘晓荷（2020）在对我国 10 个省市的 1700 名中小学生和 40 名一线语文教师进行问卷调查和访谈后得出结论，可视化的阅读虽然具有便于理解知识、拓展思考深度和广度、增进情感共鸣和价值理解以及审美方面的积极影响，但也很容易引发阅读和学习"碎片化""失真化"和"功利化"等风险。但是，也有学者对这一问题保持着更加乐观的态度。例如，翁晓翠（2021）通过系统比较中学语文教学中的图像阅读与传统上纯粹的文字阅读，研究了图像阅读对学生的影响，并坚定地认为这种阅读教学可以扩展课堂内容和教学方法，不仅可以为学生的阅读能力带来积极影响，还可以帮助他们获得更高的学科素养。同时，也有学者通过对语文课本中插图的意义和应用进行研究，论证了课本插图不仅具有丰富教学材料、增强学生读图能力和综合阅读能力的作用，还具有促进学生深度阅读，进而帮助学生获取文本蕴含的情感与价值的作用（张晓艳，2021）。

虽然本研究的课题面向的是小学生群体，但是人的发展和发育水平是有差异性的，相近年龄层的儿童在心智和能力等诸多方面并不存在绝对的分割线。这也是教师在教学过程中必须对个体差异和群体差异给予充分尊重和重视的重要原因之一。回到本研究，笔者在这里探讨与本研究课题相近且有关中学生的研究结论并非画蛇添足。学者们对图画书及图像对中学生阅读能力影响的研究，对我们研究或者在实践中运用图画书、图像及图像语言来发展小学语文阅读教学，有着相当重要的借鉴和启发意义。《诗经》有云，"他山之石，可以攻玉"。

因此，笔者将研究结果转化为具有成效的课堂实践，以期帮助学生提升阅读理解能力。

（二）已有的国外关于图像语言融入阅读教学策略的研究

目前，国外学者关于图像语言对阅读能力影响因素的研究已有一些成果。学者们更多地聚焦在阅读的教学方法和策略上，例如，图片阅读策略、图文整合教学策略和图词归纳模型策略。

1. 图片阅读策略

Piro（2002）重点分析了图片阅读的策略及其如何适于促进识字能力，具体分析了语言艺术与视觉艺术的相似之处，以及读者反应理论在图文使用中的应用，倡议在阅读中重视图片的作用。Ghorab 和 MAR（2013）基于图片阅读策略分析其对七年级学生英语阅读理解能力的影响。他们选择 60 名男学生参加实验，以证明使用阅读图片策略的有效性。根据调查结果，他们建议七年级学生的英语语言教师在阅读过程中使用图片阅读策略，以培养七年级学生的阅读和理解能力。实验结果表明了在整个阅读过程中使用图片阅读策略所具有的重要性。Sari DMM（2016）认为阅读作为语言技能之一，需要在各级教育中培养，使学生能够更好地理解阅读的内容。Sari 通过研究探讨解决学生阅读描述性文本问题的方法，即使用与文本相关的图片进行辅助教学。在这个实验活动中，教师展示了与所给文本相关的图片，并询问学生对图片的认识和了解情况。Sari 认为，教师应能够运用正确的策略培养学生的阅读能力，使学生能够快速、轻松地理解英语阅读文本。同时，教师可以通过图像媒体引导学生学习课文。Sari 呼吁教师在阅读教学中更多地应用图片。Rakhmadhani（Nasution S A，2017）通过对十一年级学生的阅读理解能力进行研究，发现将图片提示策略融入学生阅读理解教学过程，可以提升学生的阅读理解能力。

2. 图文整合教学策略

Seufert（2019）在研究中着重关注图文整合教学策略，认为用文字和图片学习方法需要学习者将给定的信息整合成一种连贯的心理表征。由于学习者经常无法整合文本和图片，因而学习效果不佳。
Seufert 还分析了文本处理策略、图片处理策略以及将文本和图片相互映射等策略的培训效果。Seufert 假设学习者的先验知识会影响这种培训的效果，对具有高先验知识的学习者更有利。为了验证上述假设，Seufert 采用实验干预方法对 30 位参与实验的学生进行了为期 3 周的培训，培训内容包括介绍如何处理、整合文本和图片并对其进行反思。Seufert 通过实验干预和结果分析发现表明，整合培训并非总体有益，而仅适用于先验知识水平提高的学习者。因此，并非所有连贯性形成的培训都有利于学习。除非拥有足够的知识结构来执行推荐步骤，从而理解、整合涉及的文本与图片，否则培训就难以达到期望的效果。

3. 图词归纳模型策略

Militansina 和 Arifin（2015）通过图词归纳模型策略提高了学生对程序文本的阅读理解能力，他根据行动研究法分析结果发现，不仅学生的学习效果得到了改善，而且他们的学习兴趣也得到了提高，他们更喜欢互动性强的课堂活动，享受参与活动并相互合作。研究结果表明，学生的阅读理解能力在两个周期的过程中从良好到优秀，得到了快速提升。Astika 和 Wirastuti（2021）探讨了 KWL 策略[①]结合图片能否提高被试者的阅读理解能力，他们发现八年级的很多学生在识别一般的和特定的信息、文本含义等方面存在问题。通过对学生进行两周的实验干预（KWL 策略结合图片），受试者的阅读理解能力有显著提升。此外，被试者对 KWL 策略结合图片的使用反应更加积极。这一研究证明，使用 KWL 策略结合图片可以提高八年级学生的阅读理解能力。

综上所述，上述学者探讨了图片、图像、图画书等图像语言载体的使用对学生阅读能力的影响以及图像语言融入阅读教学的常用策略。但众多研究者在进行相关研究时更多地采用观察法、问卷调查法以及行动研究法等，较少采用实验法进行实验干预或长时间跟踪研

---

① KWL 策略是一种指导阅读教学的策略，最早由 Donna Ogle 于 1986 年提出。KWL 策略分别为 KNOW、WANT、LEAREND 的缩写，依次表示"阅读前读者已有的旧知识"、"读者想通过阅读获取什么新知识"、"阅读后读者学到了什么知识及继续学习什么"。

究。另外，在少数的实验法研究中，研究者大多通过采取与图像语言教学相关的单一策略进行为期2～3周的短期干预。基于此，本研究聚焦图像语言融入阅读教学，尝试通过一个较长试验周期进行实验跟踪，从而测量图像语言教学对小学生语文阅读能力的影响。

（三）汉语语境下图像语言对阅读能力影响的研究

汉语语言文字是思维的直观体现。汉字起源于事物的象形，借助具体形象，运用注重整体和综合的联想、比喻、类比、象征、借代等方式，从事物所表现出的相似性、相关性中发现隐藏其中的深刻规律，表达抽象内容。王树人（2007）在比较中西方思维后将中国人的思维方式概述为"象思维"，或言之为具象化思维。汉语充满了感受和体验的精神品质，体现了具象思维的独特意蕴。汉语词汇蕴藏了丰富的语文感受，将词语组合起来，能形成一幅幅生动可感的具象，体验和感悟具象就成为阅读的核心和关键。因此，在长期历史选择中，注重"涵泳""顿悟"的感悟是阅读成为传统语文教育的方法论基础。

黄旭等学者认为汉字作为一种表意文字，阅读起来更多地依赖视觉认知。汉语阅读障碍的视觉空间认知缺陷是一个备受关注的有趣话题。研究者通过实验法探索汉语阅读障碍儿童的视觉空间认知特征，通过图片搜索测试他们的眼球运动。

研究者根据 ICD－10 定义的诊断标准，选取中山大学附属三院儿童发育行为中心诊断的 19 例阅读障碍儿童，其中，男 17 例、女 2 例；年龄为（9.54±1.41）岁，以及某小学 19 名正常阅读儿童，按年龄、性别、年级、家庭条件 1∶1 匹配作为对照组。采用自选 3 幅彩色图片（狗、泰姬陵、小屋）作为眼动实验目标。所有被试进行图片注视任务的眼动数据由 Eyelink Ⅱ 高速眼动仪记录。分析的眼动指标包括首次注视时间、平均注视时间、平均眼跳幅度、眼跳距离。研究结果表明，阅读障碍儿童的平均眼跳幅度和眼跳距离与对照组相比较小。此外，通过组内数据对比，研究者发现眼动指标受到图文难度的影响，其结果表现为被试在 3 幅图画间的首次注视时间、平均注视时间、平均眼跳幅度、眼跳距离均存在显著差异。最后，研究者认为阅读障碍儿童在细节信息较多较复杂、眼跳距离小、眼跳幅度窄的情况下存在异常眼动，他们的视野搜索速度和对刺激信息的有效选择能力较弱，注释效率较低。

上述学者的研究表明，图片在汉语阅读中具有重要的作用，但没有进一步深入研究图像等内容在汉语阅读中的影响。目前，已有国外学者研究图片、图像等在英语等语系的阅读理解中造成的影响。汉语语言系统不同于英语等语言体系，其所对应的汉字为表意文字而非拼音文字，在世界各种语言中具有鲜明的特点和历史的传承性，其语义更加丰富，内容更加多样。如果能够更深入地探究图像语言在汉语语言体系下对阅读的影响，那么或许能够为提升学生阅读能力探索一种更为有效的途径和方法。

最近几年，国内学者也充分认识到了上述内容的重要性和相关研究结果的缺乏，并已经开始就相关问题进行一系列的理论和实践研究。其中一个比较有代表性的研究来自生物医学领域。研究者获取了42名智力情况相当的小学高年级学生在阅读中文材料时的脑部医学数据（李文龙，2020）。参与实验的42名学生中，有15名学生阅读能力显著低于同龄人。实验发现在他们的脑区中，位于左侧半球的一部分关键区域表现出了代偿功能，而其他学生的医学观测结果没有出现上述情况。研究者推测这15名受测学生可能存在大脑对视觉处理的不足，所以才产生了上述代偿情况。这一点与西方学者对儿童阅读障碍的研究结果并不一致。以拼音文字语言为母语的儿童出现阅读障碍情况，往往是因为大脑中的语音功能存在一定程度上的障碍，而这一部分出现语音功能障碍的脑区与上述中文阅读障碍儿童发生代偿功能的脑区完全不同。如前所述，汉语文字是一种表意文字，其图像或图形意义大于拼音文字，所以可能天然地更依赖视觉处理能力，而不是语音功能。这也就从生物医学领域侧面验证了汉语语境下图像语言对阅读能力的影响。我们的大脑很有可能是直接将汉语文字当成一种图像语言来处理的，只是我们对此不太自觉罢了。当然，上述结论中有一部分是研究者的推论，尚未得到完整的科学证实，我们期待着相关研究成果的进一步丰富，也同样期待国内在语言学、教育学等领域对这一课题做出更加成熟的研究。

第四节　研究主要内容和研究目的

一、研究的主要内容

图像识读是美术学科的五大核心素养之一，因而一直受到美术学科的广泛重视。然而，在语文学科中图像语言一直处于被忽视的位置。实际上，由于学生受认知水平的发展限制，因此，小学阶段的语文阅读教学过程尤其是与图画书阅读相关的教学过程，仍需教师就图像语言和文字语言的深层内涵进行教学和训练，这样才能帮助学生在阅读中有更高阶的体验。笔者检索内地的大学硕士、博士论文题目，发现从语文学科角度出发的图像语言研究较少，涉及语文学科图像语言的研究共 9 篇①，都是针对语文教科书中的插图进行的研究。而从小学语文学科角度出发的图画书研究共包括 93 篇硕士、博士论文②，几乎都是从阅读能力、写作能力、口语交际能力等应用能力及其教学策略等方面进行探讨，鲜少有从图像语言及其叙事功能角度进行深入探索的研究。总结前人的研究成果，笔者发现，从小学语文学科角度出发，以图画书为例来研究图像语言教学的较少。

根据已有相关研究，对于图像语言与学生阅读能力之间可能存在的关系，本研究提出以下基本假设：

假设 1：图像语言教学能够提升小学生对文本的理解能力。

假设 2：图像语言教学能够提升小学生对文学类文本的理解能力。

假设 3：图像语言教学能够提升小学生对信息类文本的理解能力。

基于这三个假设，本研究将通过实验法研究图像语言教学是否能够促进学生语文阅读能力，并将图画书作为图像语言的载体，运用到

---

① 在学位论文方面，根据中国学术期刊 CNKI 的记录，以关键词为"小学语文图像语言"检索，由 2011 年开始到 2018 年共有 9 篇。

② 在学位论文方面，根据中国学术期刊 CNKI 的记录，以关键词为"小学语文 图画书/图画书"检索，由 2013 年开始到 2019 年共 93 篇。

图像语言教学实验中。

二、研究目的和研究问题

（一）研究目的

研究目的1：通过文献综述，建构理论。

（1）研究图像语言的内涵。

（2）探讨图像语言在语文学科中的教育意义。

（3）探讨图像语言教学和小学语文阅读课程的关系，建构在阅读课程中使用图像语言教学的架构。

研究目的2：通过教学实验，验证图像语言教学对小学生语文阅读能力的成效。

（1）图像语言教学对学生文本理解能力的成效。

（2）图像语言教学对学生文学类文本理解能力的成效。

（3）图像语言教学对学生信息类文本理解能力的成效。

研究目的3：时间因素和基础成绩对学生语文阅读能力的影响。

（1）时间因素对学生语文阅读能力的影响。

（2）基础成绩对学生语文阅读能力的影响。

（3）实验干预对学生语文阅读能力的影响。

（4）时间因素和实验干预共同对学生语文阅读能力的影响。

（5）基础成绩和实验干预共同对学生语文阅读能力的影响。

（6）时间因素和基础成绩共同对学生语文阅读能力的影响。

（7）时间因素、基础成绩和实验干预共同对学生语文阅读能力的影响。

研究目的4：根据理论和实验结果，探索小学语文阅读教学的提升路径和改进措施，为小学语文教育研究提供理论支撑。

（1）如何选取材料（如图画书）帮助小学生提升阅读能力。

（2）如何针对不同基础成绩的学生进行差异化、精准化的教育。

（3）如何将图像语言融入阅读教学（是开设独立课程还是将图

像语言教学嵌入语文课程)。

(二)研究问题

本研究主要包括对以下两个方面问题的研究和探讨。

(1)图像语言教学是否可以提升学生的文本理解能力(文学类文本理解能力和信息类文本理解能力)?

(2)针对不同基础成绩的学生,图像语言教学对他们是否存在差异性影响?该差异性表现在哪些方面?

第五节 研究设计和方法

一、研究设计

传统的阅读教学方式侧重于分析文本内容和训练读写技能。随着语文教材的不断改革,语文教材逐渐从文字发展为文字与插图结合的形式。然而,目前大多数教师还是更关注文字的语义教学,而针对多模态教学的实践还有待加强。本研究尝试通过以语文阅读教学为主,辅以图像语言阅读教学。具体教学实验是在语文阅读教学中加入图像语言阅读教学干预(图画书作为辅助教材),检测图像语言干预对学生阅读能力是否有正向影响。(见图1-6)

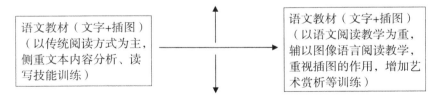

图1-6 研究的主要内容

二、研究方法

本研究采用量化研究与质性研究相结合的分析方法，从多角度和不同层面对研究问题进行探讨，以期从不同方法中得出研究结果并及时进行相关检验和相互补充。量化研究部分采用实验法和问卷调查法，质性研究则采用访谈法和观察法。本研究项目已获取香港教育大学人类伦理委员会（Human Reasearch Ethvcs Committee，HREC）的伦理道德审查批准。

（一）实验法

按照国际划分标准，实验方法可以分为前实验、准实验和真实验。准实验是介于前实验和真实验之间的一种实验方法，它采用一定的控制条件，利用自然场景灵活地控制实验对象，包括对照组无前测设计和非对等控制组设计。与真正的实验设计不同的是，准实验没有随机分配实验对象到实验组和控制组，严谨性略低，因此所产生结果的效度会略低于真正的实验研究。而准实验的优点则在于可以灵活地适用所要求的条件，在无法控制所有可能影响实验结果的无关变量时，具有较强的适用性。本研究计划对小学生语文教材阅读能力进行图像语言干预，符合准实验的基本情况和基本条件。为了更好地达到实验目的，本研究采用"前测＋后测实验组－控制组"的设计模式。该实验为实验组－控制组前测＋后测实验法，又可称为"实验组控制组事前事后测定法"。

（二）问卷调查法

本研究为图像语言融入小学语文阅读课程的实验研究，在实验前后均需要对研究对象进行测量，因此需要使用问卷对相关量表进行调查，具体表现在以下两个方面。

（1）实验前，需要对学生的小学语文阅读基本水平进行前测，使用提前准备好的材料进行测量，以了解实验前学生的基本情况。然后，对教师进行问卷调查，了解当前小学语文教学的基本情况、教师在教学过程中遇到的问题、小学生阅读能力提升的路径等。

（2）实验结束后，通过再次对教师进行问卷调查，了解实验过程中的教学情况以及整个实验相关问题的情况；通过量表调查学生对实验教学的感知情况、学习情况以及学习后的小学语文阅读情况。

本研究通过问卷调查法，对小学语文阅读教学的现状、教师在教学过程中遇到的问题及解决办法等进行了解和分析；通过对实验前后相关资料的调查，能够分析实验结果，验证实验假设。在实验数据处理方面，本研究将对实验与问卷结果进行统计分析，包括方差分析、相关分析、单因子变异数分析等。

（三）访谈法

在图像语言融入小学语文阅读课程实验中，由于实验的特殊性，一些因素存在差异，需要尽可能避免。除此之外，研究对象的学习效果和受干预效果也可能存在差异。因此，需要采用访谈法作为实验法的补充研究方法。通过设计访谈大纲，本研究可以充分地了解当前小学语文阅读教育所面临的问题，获取教师教学现状和成果，了解学生在小学语文阅读方面存在的问题和困惑。而在实验后测阶段，通过访谈法了解参与实验的教师对于实验干预的感受，了解实验干预和教学过程中是否存在不足和其他干扰因素，可以进一步规范实验流程。在研究后期，通过跟踪了解和访谈，对图像语言干预的滞后效应和长期效应进行调查，能够较好地补充研究内容。因此，访谈法是本研究所使用的另一个重要的方法。

本研究是图像语言融入小学语文阅读课程的实验研究，在进行实验过程中，需要对教师的图像语言教育过程和学生的学习情况等进行观察和记录，需要研究者利用照相机、录像器材等跟踪记录实验过程以及实验环境（学校环境、班级环境等）、实验实施者（小学语文教师、图像语言教师）、研究对象（实验组和对照组的学生），观察法将贯穿图像语言融入阅读教学的实验研究的前期、中期、后期三个阶段。具体而言，包括图像语言培训和教学情况、小学生对图像语言的学习反应以及实验结束后学生在小学语文阅读能力的表现等。

（四）定量分析法

1. 独立样本 t 检验

为检验实验干预对学生语文阅读能力影响的差异性，本研究采用独立样本 t 检验进行分析。独立样本 t 检验主要检测两组非相关样本（实验组和对照组）被测试数据的差异性，是否具有统计学意义。两组数据（实验组和对照组）独立获得即为独立样本。独立样本 t 检验统计量为：

$$t = (\overline{X}_1 - \overline{X}_2) /$$

$$\sqrt{[n_1 - 1)S_1^2 + (n_2 - 1)S_2^2)(1/n_1 + 1/n_2)]/(n_1 + n_2 - 2)} \quad (1)$$

其中，n_1 和 n_2 为样本容量，S_1^2 和 S_1^2 为样本方差，$\overline{X}_1$ 和 $\overline{X}_2$ 为 X_1 和 X_2 的均值。

$$\overline{X}_1 \sim N(\mu_1, \sigma_1 / \sqrt{n_1}), \overline{X}_2 \sim N(\mu_2, \sigma_2 / \sqrt{n_2}) \quad (2)$$

先对数据分布情况进行分析或检验，以了解数据的正态分布情况和方差齐性。一般做法是采用 F 检验或 Levene's 检验，验证数据的方差齐性。验证两组独立样本数据是否符合正态分布，也可以采用 S. S. Shapiro 与 M. B. Wilk 提出 Shapiro-Wilk 检验法，用顺序统计量 W 来检验分布的正态性。若 Sig > 0.05，则说明数据满足正态分布。统计量 W 计算如下：

$$W = \left[\sum_{i=1}^{n/2} a_i (X_{n+1-i} - X_i) \right]^2 / \sum_{i=1}^{n} (X_i - \overline{X}) \quad (3)$$

2. 多因素方差分析法

多因素方差分析（Two-way ANOVA）用于检验来自不同因素（比如，实验干预和时间因素）的变异对总变异的贡献率，以此检验实验干预和时间因素影响的大小。该方法不仅可以研究实验干预和时间因素对因变量的单独作用，当实验干预和时间因素存在交互作用时，还可以被用来分析实验干预和时间因素交互作用对阅读能力等因变量的影响，从而能够更加深入地探索实验干预和时间因素共同对阅读能力等因变量的作用关系。

假设每个观察值 $x_{ij}(i = 1,2,\cdots,k; j = 1,2,\cdots,r)$ 表示为由 k 个水平的行因素 A（实验干预）和 r 个水平的列因素 B（时间因素）组成的 $k \times r$ 个总体中的一个，它服从正态分布，并且方差相同。用 $\bar{x}_{i\cdot}$ 表示第 i 个水平下观测值的平均值，$\bar{x}_{\cdot j}$ 表示第 j 个水平下观测值的平均值。

$$\bar{x}_{i\cdot} = \sum_{j=1}^{r} x_{ij}/r, \ i = 1,2,\cdots,k, \ \bar{x}_{\cdot j} = \sum_{i=1}^{k} x_{ij}/k, i = 1,2,\cdots,r \quad (4)$$

$\bar{x}$ 表示全部 $k \times r$ 个样本数据的总体平均值。

$$\bar{x} = \sum_{i=1}^{k} \sum_{j=1}^{r} x_{ij}/kr \quad (5)$$

为检验目标层在双因素（实验干预和时间因素）下的差异性，需要进行检验。

对行因素进行假设：

$H_0: \mu_1 = \cdots \mu_i = \cdots \mu_k$，表示行因素 A（实验干预）对阅读能力等因变量没有显著影响。

对列因素进行假设：

$H_0: \mu_1 = \cdots \mu_j = \cdots \mu_r$，表示列因素 B（时间因素）对阅读能力等因变量没有显著影响。

其中，μ_i，μ_j 分别表示行因素 A（实验干预）和列因素 B（时间因素）的第 i 和 j 个水平均值。

通过对比 F 分布表得到的临界值 F_a，将 F_a 与 F_b 和 F_c 进行对比，如果 $F_b > F_a$，表示行因素 A（实验干预）对阅读能力等因变量有显著影响；如果 $F_c > F_a$，表示列因素对因变量有显著影响。

$$F_b = \frac{MSR}{MSE} \sim F[k-1,(k-1)(r-1)] \quad (6)$$

$$F_c = \frac{MSC}{MSE} \sim F[r-1,(k-1)(r-1)] \quad (7)$$

其中，MSR 表示行因素 A（实验干预）的均方；MSC 表示列因素 B（时间因素）的均方；MSE 表示随机误差的均方。

3. 重复测量方差分析法

在本研究中，还需要考虑时间因素对实验的影响。当需要对同一观察单位在不同时间重复进行多次测量，每个样本的测量数据之间存在相关性，因而不能简单地使用方差分析进行研究，需要使用重复测量方差分析。

此外，在本研究中，笔者需要分别在实验前、中、后三个时间段进行语文阅读成绩的测量。由于重复测量时，每个个体的测量结果之间存在一定程度的相关性，违背了方差分析数据独立性的要求，因此，采用重复测量方差分析法进行分析。

重复测量实验的检验方法如下：

首先，建立检验假设。由于本实验研究需要进行实验前、中、后三个时间段的测量，因此，测量时间和次数都为 $p = 3$，假设如下。

H_0：3 次重复测量的学生阅读能力等因变量的总体平均数相等，即不存在重复测量效应。

H_1：至少 2 次重复测量的学生阅读能力等因变量的总体平均数不相等，即重复测量效应不为零。

其次，计算离差平方和与均方值。

第一步，令离差平方 SS_t 表示列因素对因变量有显著影响。

$$SS_t = \sum_{j=1}^{n} \sum_{i=1}^{p} x_{ij}^2 - \left(\sum_{j=1}^{n} \sum_{i=1}^{p} x_{ij}^2 \right)^2 / (np) \tag{8}$$

$$SS_b = \sum_{j=1}^{n} \left[\left(\sum_{i=1}^{p} x_{ij}^2 \right)^2 / (p) \right] - \left(\sum_{j=1}^{n} \sum_{i=1}^{p} x_{ij}^2 \right)^2 / (np) \tag{9}$$

$$SS_w = SS_t - SS_b = \sum_{j=1}^{n} \sum_{i=1}^{p} x_{ij}^2 - \sum_{j=1}^{n} \left[\left(\sum_{i=1}^{p} x_{ij}^2 \right)^2 / p \right] \tag{10}$$

$$SS_p = \sum_{i=1}^{p} \left[\left(\sum_{j=1}^{n} x_{ij}^2 \right)^2 / (n) \right] - \left(\sum_{j=1}^{n} \sum_{i=1}^{p} x_{ij}^2 \right)^2 / (np) \tag{11}$$

$$SSE = SS_t - SS_b - SS_p \tag{12}$$

第二步，确定自由度。

$$df_t = pn - 1 \tag{13}$$

$$df_w = n(p - 1) \tag{14}$$

$$df_b = n - 1 \tag{15}$$

$$df_p = p - 1 \tag{16}$$

$$df_E = (n - 1)(p - 1) \tag{17}$$

第三步，求均分方。

$$MS_P = (SS_P)/(p - 1) \tag{18}$$

$$MSE = (SSE)/(n - 1)(p - 1) \tag{19}$$

再次，进行 F 检验。

第一步，计算处理均方和误差均方的方差比。

$$F_c = \frac{MS_p}{MSE} \tag{20}$$

第二步，查附表，确定 F 检验的临界值 $F_a(df_1, df_2)$。

第三步，进行 F 检验，当 $F > F_a(df_1, df_2)$ 时，拒绝 H_0 中关于 3 次重复测量的学生语文阅读等因变量的总体平均数相等的假设，认为至少有 2 次重复测量的总体平均数存在显著差异。当 $F < F_a(df_1, df_2)$ 时，不能拒绝 H_0 中关于 3 次重复测量的学生语文阅读等因变量的总体平均数相等的假设。

最后，列出方差分析表。

重复测量方差分析要求各时点指标变量满足球形假设（Sphericity 假设），当检验结果 $P > 0.05$ 时，满足假设；若 $P < 0.05$，则不满足假设。当资料满足球形假设时，可直接进行一元方差分析；不满足时，则应以多元方差分析结果为准（见图 1−7）。

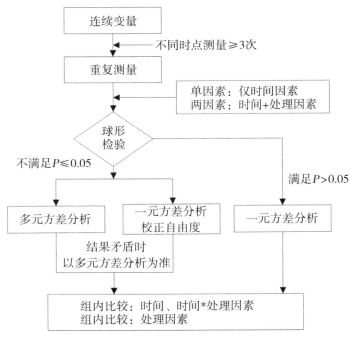

图 1−7　多因素重复测量方差分析

第二章   实验设计

第一节   实验对象和实验工具

本研究是一个准实验研究，主要为教学实验，旨在分析将图像语言融入阅读教学，对小学生语文阅读能力的影响。阅读是语文教学最重要的任务，而阅读和阅读教学的本体内涵最终的指向目标是阅读教学与育人目标相统一。为了更好地达到实验目的，本研究采用"实验组—控制组前测＋后测"的设计模式。实验模型如表2－1所示。

表2－1   "实验组＋控制组前测－后测"实验法实验设计

组别	前测	干预处理	后测
实验组	对象1	√	对象1
控制组	对象2	×	对象2

笔者通过文献搜索和分析发现，该实验的原理和实践经验适用于语文学科的教学活动研究，已有文献也验证了该方法在语文学科教学的适用性。因此，本研究选取该方法进行实验研究。

一、实验对象

样本选择逻辑：以位于福建省厦门市的小学为样本集合。本实验的研究对象聚焦于小学四年级学生。样本具体特征如下。

（1）实验对象区域选择：中国福建省厦门市。

主要原因：厦门市的文化和经济发展水平处于福建省前列，也是我国较早设立的经济特区之一。厦门市重视教育的发展，由于其有着沿海城市和通商口岸的优势，因此接触国外先进的教育理念较早，也是最有可能尝试实施和发展新教育理念、方法的地区。因此，选取厦门市的小学作为研究对象具有一定的代表性和实践性。

（2）实验对象学校选择：公立学校两间。

实验采取判断取样（judgmental sampling），笔者在福建省厦门市选取两所愿意配合开展本实验的小学。所选学校均为公立学校，无其他背景干预，成立年限超过 10 年，办学经验丰富，排除学校办学经验、学校基础设施等学校层面因素对实验的影响。

（3）年龄/学习阶段选择：小学四年级。

PIRLS 测试对象是全球四年级学生，其原因为该年龄段是儿童在成长阶段中阅读行为和阅读能力的一个重要转折点。这个年龄段的儿童处于从"学习阅读"到"从阅读中学习的过渡期"。[①] 从四年级开始，对其阅读语言的能力和认知要求都在一定程度上有所提高，学习过程中所需词汇和文本内容变得更为抽象复杂。这一阶段的阅读不是单纯为了学习阅读，而是在掌握知识后能够进行自我学习（祝新华，2015）。因此，在这一重要阅读转折阶段，在阅读教学中进行图像干预意义更为重大，实验对象基本数据如表 2-2 所示。

表 2-2　实验对象基本数据

学校	组别	前测	干预处理	后测
学校 1	实验组	四年级班级 1	√	四年级班级 1
	控制组	四年级班级 2	×	四年级班级 2
学校 2	实验组	四年级班级 1	√	四年级班级 1
	控制组	四年级班级 2	×	四年级班级 2

根据实验计划，选取中国福建省厦门市的两所小学作为目标学校。然后，在样本学校中选取四年级符合上述条件的班级作为样本班

---

① Chall（1996）将人类从出生至成人的阅读发展分成六个阶段：①出生到六岁这一阶段称为前阅读期；②小学一、二年级为识字期；③小学二、三年级为流畅期；④小学四年级到初中二年级为透过阅读学新知期；⑤初中三年级到大学阶段为多元观点期；⑥大学阶段以后为建构与重建期。总结起来，可以把儿童阅读能力发展分为"阅读前""学习阅读"和"从阅读中学习"三个阶段。

级——实验组和对照组，并选取样本班级中的学生作为实验对象。实验对象的具体情况如表 2 - 3 所示。

表 2 - 3　实验对象基本数据

样本学校	组别	研究对象	人数	男性	女性
学校 1	实验组	四年级班级 1	a + b	a	b
	控制组	四年级班级 2	c + d	c	d
	合计	四年级	a + b + c + d	a + c	b + d
学校 2	实验组	四年级班级 1	e + f	e	f
	控制组	四年级班级 2	g + h	g	h
	合计	四年级	e + f + g + h	e + g	f + h

二、实验工具

（一）实验材料

为了衡量实验对象在实验干预前后的差异性，我们通过文献查询和梳理，选取了国际教育成绩评价协会（International Association for the Evaluation of Education Achievement，简称 IEA）所使用的 PIRLS 题目。[①] 阅读能力测试材料详见附录。

PIRLS 定义：由国际教育成绩评价协会（IEA）自 2001 年开始举办，每隔五年进行一次。PIRLS 的研究对象是小学四年级学生，研究目的旨在探讨 9 ~ 10 岁儿童的阅读成就，其主要通过多项调查数据如关于阅读课程、儿童阅读兴趣和态度、学校阅读环境与文化等的数据，来分析影响儿童语文阅读能力的因素。

———————————

① 本研究采用的 6 篇 PIRLS 试题中文版均从香港大学教育学院中文教育研究中心（The Centre for Advancement of Chinese Language Education and Research，the University of Hong Kong）网站上获取。相关的网址链接为：https：//www. cacler. hku. hk/hk/research/project/pirls_2021/passage_download/。由于被试者均为内地学生，笔者将繁体字版本的试题均转化为简体字版本供学生进行测试。获取相关试题的时间为 2020 年 1 月 15 日。评量标准也参照该网站上的评卷指引进行评分。

PIRLS 题目设计：PIRLS 研究团队在选择测试篇章和设计题目时，都会进行"先导测试"（pilot study）。例如，2006 年正式测试的试题会在前一年进行先导测试，以此来了解篇章和题目的信度和效度以及甄别能力。时间方面：PIRLS 题目需要 40 分钟左右来完成答题。题型方面：PIRLS 题目主要有选择题（包含单选和多选）（multiple choice questions）和建构反应题（constructed-response questions）两种类型。选择题有四个选项，单选题中仅有一个是正确答案，多选题则有两项或两项以上的正确答案可被用作评估不同的阅读过程。建构反应题是开放式问答题，分短答题和长答题。这类题型主要用于考查学生自行思考问题的能力，以及用文字表达思考内容的能力，可评估一些较复杂（如推论和评价）的阅读过程。

与国内常见的阅读能力测试题目不同，PIRLS 题目的设计没有采用国内特别是内地常见的以题目类型排布分列的试卷模式，而是以文章的推进顺序和题目难度深浅程度为依据，对各项题目的先后顺序进行排布。以 PIRLS 题目《倒立的老鼠》为例，设有 15 道阅读题，其中第 4、6、7、10、11、12、14、15 题均为建构反应题，其余为多项选择题。这种题目设置方式可以使受测者的注意力集中在阅读文章和理解文章上，避免被题目形式或解题压力所干扰，进而影响测试效果。

PIRLS 评估标准：开放式答题主要是为了掌握学生对篇章的理解、解释和推论是否合理。因此，PIRLS 为每道题目都设计了详细的评分准则，并在评分过程中记录不同学生的真实答题样本，帮助评卷员按同一准则评分。

由于 PIRLS 是针对全球四年级学生设置的考题，而本研究的实验对象是中国内地的四年级学生，因此，笔者会根据全球四年级学生的语文阅读能力对个别题目进行难度上的调整。

（二）实验材料选择依据

1. 根据所学学段的阅读能力选取

由于研究对象为小学四年级学生，因此，实验所选择的图画书等配套辅助教材应符合小学四年级学生的阅读水平与要求。小学四年级相对应的是第二学段，这一学段既是第一学段阅读教学的巩固与发展，又是第三学段阅读教学的基础，起着承上启下的作用。《义务教育语文课程标准（2011 年版）》中关于制定四年级（第二学段）阅读目标与内容的要求提出，应遵循重视对现代阅读理念的吸纳、重视情感态度和价值观的渗透、重视阅读过程的展开和阅读方法的培养、重视知识在阅读中的实际运用这四大原则（中华人民共和国教育部，2011）。因此，在上述指导目标下，选取的配套辅助教材也应遵循以下四个基本原则。

（1）阅读功能和图像功能并重。

所选图画书应重视学生在阅读中的主体地位，重视学生在阅读中独特的感受和体验。新课程标准提出应重视对现代阅读理念的吸纳，而现代阅读理念则可以被表述为："阅读是运用语言文字获取信息、认识世界、发展思维、获得审美体验的重要途径。阅读教学是学生、教师、教科书编者、文本之间对话的过程。"（中华人民共和国教育部，2011）学生阅读能力的不断获取和提高，是在认识和理解文本的基础上，对更深层次的思维训练和图像体验的一种强化。因此，为学生选取的图画书应是在文字和图画两个方面契合度高，且文字表达能力和插图绘画水平较高的作品。

（2）国际引进和国内原创搭配。

阅读与学生个人的兴趣爱好和文化选择取向相关联，文本作者的思想立场和价值观也对学生发挥着引导作用，因而新课程标准强调阅读教育应重视情感态度和价值观的渗透。由于"阅读具有对学生精神领域的影响、进行涵养化育的功能"（中华人民共和国教育部，2011），因此，学习阅读不仅要培养学生的语文能力，还应在阅读目标中渗透情感态度和价值观的要求。图画书起源于西方，积累时间较长，因而国际引进绘本（图画书）中有非常多经典的好作品。同时，近几年来，中国内地及港台地区也涌现出不少原创图画书，其中不乏一些优秀的作品。教师在选择图画书时，应注意合理配置国际引进作品与国内原创作品的比例，使学生能了解更多的图画书风格，能够根据自己的爱好和文化取向去选择自己感兴趣的课外读物。教师在教学时，不仅应关注学生的思维活动，还应重视学生的情感活动，以促使学生的智力因素和非智力因素协同参与。

（3）阅读策略和阅读方法并用。

阅读是一项过程复杂的心智活动。因此，所选图画书应尽量承载培养学生多种阅读方法的内容（中华人民共和国教育部，2011）。例如，图画书在文字与图画的表达上有其自身独特的叙事方法，所选书籍应尽量体现丰富的故事性，即选择故事情节完整、书籍设计巧妙和叙事张力强的作品。这类优秀作品可以让学生在阅读时习得更多不同的阅读策略和方法。例如，精读、泛读、演读等都是适合图画书阅读的方法，一般图文兼美的作品可精读、品读，科学类知识性说明文可泛读、略读，情节丰富的小说类可演读，可挖掘拓展的作品可画读、续写，悬疑推理类的作品可疑读。

（4）相应文章体裁的搭配。

语文是一门综合性的实践学科，应重视知识在阅读中的实际运用（中华人民共和国教育部，2011）。因此，语文教学应适应现实社会的需求。PIRLS 提出可根据阅读目的分为文学类文本阅读和信息类文本阅读。教师在选择图画书时不仅应关注文学类作品，还应关注具有实用价值的作品类别。因此，选择图画书时应注意相应文体的搭配（Applebee，1978）。例如，文学类文本可选择记叙文体裁的作品，实用性文本可选择科学类说明文体裁的作品，文学类文本可引导学生对文字语言进行品读、对图像语言进行鉴赏，感知如何艺术地表达主题，注重个性化阅读与图像理解；实用性文本则可引导学生学会以准确、具体的语言来阐述客观事实，注重培养学生信息提取和知识整合的能力，提升学生思维的客观性和聚焦性，以及表达观点看法的准确性和集中性。

2. 根据教材的单元主题风格选取

在选取作为辅助教材的图画书时，主要考虑其是否具有能够辅助学生学习课内教材①的功能。应涵盖以下三点。

（1）主题相同。

选择与每个单元主题相符的图画书，不仅能够辅助学生理解课内阅读的内容，而且能够作为复习巩固知识点的材料。可实施"单元主题阅读教学"，将教材中每个单元的主题视为同一个系统，以便教师进行整体教学，增强阅读的系统性与科学性。语文教材每学期有 8 个单元，每个单元有 4 篇文章。仅凭这个阅读量，无法满足学生的成长需求。因此，教师在选择图画书时，可从教材出发，选择与教材主题相符的配套教辅材料，抓住单元阅读主题，创设自由、充满想象的阅读环境，活跃学生的思维，引导学生进行文化专题式阅读。

（2）体裁一致。

小学语文教材中的文章体裁以记叙文和说明文两种最为常见，恰好可以对应 PIRLS 提出的两种"目的性"阅读——文学类文本阅读和信息类文本阅读。文本体裁不同，其表达方式、写作手法和语言特色等方面也有很大的区别。例如，记叙文以叙述、描写为主，语言风格具体、生动；说明文重在以知授人、说明事理，语言准确平实，结构条理清晰，内容具有科学性和实用性。因此，配套图画书体裁的选择应与教材中每一个单元的体裁一致，以辅助学生学习不同体裁的表达方式、语言特色及写作手法，丰富学生的阅读体验。

（3）重难点相符。

教材中每个单元都有学习的重点和难点，配套图画书的选择应以能够用于辅助学生攻克这些重难点为标准，使之真正服务于课内阅读。辅助配套图画书如表 2-4 所示。由于四年级学生在阅读水平和阅读能力方面都有一定的提高，所选图画书最好不仅能够作为辅助学习的桥梁书和巩固知识点的复习材料，而且能帮助学生克服畏难情绪，还能激发学生的阅读兴趣，使学生掌握使用课外读物的策略和方法，在四年级这个重要的转折阶段能够顺利地由学习阅读过渡到从阅读中学习。

---

①　目前，全国小学生统一使用的义务教育教科书为新编部编版语文教材，由人民教育出版社于 2019 年 11 月第 1 次出版。

接下来，我们将针对上述 3 个目标，详细分析说明选择下面 8 本辅助配套图画书的原因。

表 2-4　辅助配套图画书

单元	主题①	文章体裁和阅读目的②	课文	配套图画书
第一单元	乡村生活	记叙文（文学类文本阅读）	《乡下人家》《天窗》《三月桃花水》	《荷花镇的早市》
第二单元	自然奥秘、科技技术	说明文（信息类文本阅读）	《飞向蓝天的恐龙》《纳米技术就在我们身边》《千年圆梦在今朝》	《地球的力量》
第三单元	植物	记叙文（文学类文本阅读）	《绿》《白桦》《在天晴了的时候》	《天空的绘本》
第四单元	动物	记叙文（文学类文本阅读）	《猫》《母鸡》《白鹅》	《森林大熊》
第五单元	景物	记叙文（文学类文本阅读）	《记金华的双龙洞》《颐和园》《七月的天山》	《北京——中轴线上的城市》

---

①　部编版语文教材的编排体系按照主题来划分，每个单元都有一个独立、鲜明的主题。每个学期一共有 8 个单元，分别有 8 个不同的主题。

②　PIRLS 把阅读评估重点考察的阅读目的分成两个类别：a. 文学类文本阅读。文学类文本阅读重在享受文学经验。读者理解叙述性的虚构作品，赏析文中想象性的情景、行为、事件、人物、气氛、情感、意念，并欣赏作品的语言。读者要把个人经验及感受代入作品，投入作品充满想象的世界中。b. 信息类文本阅读。信息类文本阅读重在获取并运用信息。读者在获取并使用信息的阅读过程中所接触到的是真实的世界，而非虚幻的想象。读者可以通过获取信息来进行推理或采取行动。对这类文章不需要通篇阅读，可根据不同的目的选择相应的部分进行阅读。这类文章有不同的组织顺序，有以时间顺序排列、有以人物出现顺序排列等。

续表 2－4

单元	主题	文章体裁和阅读目的	课文	配套图画书
第六单元	儿童成长、人物描写	记叙文（文学类阅读）	《小英雄雨来》《芦花鞋》	《铁丝网上的小花》
第七单元	人物描写	记叙文（文学类阅读）	《"诺曼底号"遇难记》《黄继光》	《美女还是老虎》
第八单元	人物描写	记叙文（文学类阅读）	《巨人的花园》	《巨人和春天》

3. 根据图像语言载体的适用性选取

前文提到，图画书的阅读要素可归结为图像元素、书籍设计和叙事设计。因此，教师选择图画书应尽可能涵盖以上几大要素的作品，使学生能够进行系统的图像语言学习。辅助配套图画书图像语言元素如表 2－5 所示。

表 2－5　辅助配套图画书图像语言元素

辅助配套图画书图像语言元素	颜色	线条	媒材	版面设计	页面设计	动作	视角	隐喻	翻页	图文对称	图文互补	图文背离
《荷花镇的早市》	√	√	√	√	√	√	√			√		
《地球的力量》	√		√			√	√			√		
《天空的绘本》	√	√	√	√	√	√		√		√		
《森林大熊》	√	√	√	√	√	√	√	√		√		
《北京——中轴线上的城市》	√	√			√		√			√		
《铁丝网上的小花》	√		√	√		√	√	√	√		√	√

续表 2-5

辅助配套图画书图像语言元素	颜色	线条	媒材	版面设计	页面设计	动作	视角	隐喻	翻页	图文对称	图文互补	图文背离
《美女还是老虎》		√	√	√	√	√		√	√		√	
《巨人和春天》	√		√	√	√	√	√		√		√	

以上所选的 8 部图画书作品均包含多种图像语言的元素，但每部作品都有其表现最为突出的部分，实验组教师可在授课过程中抓住最重要的部分进行解析。

综上所述，笔者检视各出版社网站所列之出版物，整理出一份适用于四年级学生阅读水平的图画书清单，共计120本。首先，剔除内容不适用于本研究的图画书，包括情节过长、内容不适宜、文字信息过多、书中图像元素过于单一、缺乏讨论空间的图画书作品。其次，语文教师以本学期教材中的单元主题或者文中插图风格以及体裁作为参考，选出符合要求的 20 本图画书。再次，与语文学科教师进行讨论，排除该班先前使用过的图画书，参考教师建议，确定了 8 本具有不同图像元素特质的图画书。最后，由执教教师根据图画书内容提前准备并实施图画书教学。

三、实验过程设计

实验对象：厦门市 A 小学四年级两个班，分别设置为实验组和控制组，每组有 50 名学生。厦门市 B 小学四年级两个班，同样分别设置为实验组和控制组，每组 50 名学生。

因变量测定：实验开始前、实验进行中以及实验结束时各进行一次阅读能力测试。

条件控制：①教学进度、教学时长相同；②教学材料相同；③学生人数相同，男女生比例相近；④实验组和控制组教师教学年限相近，教学风格相似。

教学方法：控制组教师只教授文本文字内容；实验组教师既教授文本文字内容，又融入图像语言教学。

时间周期：以单元为单位，每个单元干预一次。一共干预 8 个单元。时间周期约为一学期。

实验过程：实验分两轮进行。学生进行实验前测后，开始第一轮的实验干预。第一轮干预 4 个单元后进行一次阅读能力测试（实验中测）；第二轮干预另外 4 个单元后再进行一次阅读能力测试（实验中测）。将两次实验收集的数据进行对比分析，以增加实验的信度和效度。实验过程设计如表 2-6 所示。

表 2-6　实验过程设计

时间	实验组	控制组
40 分钟	课内阅读 课内教材（文字 + 插图） 例文《乡下人家》	课内阅读 课内教材（文字） 例文《乡下人家》
40 分钟	课外阅读 辅助教材（文字 + 图画） 例文《荷花镇的早市》	课外阅读 辅助教材（文字） 例文《荷花镇的早市》

第二节　图像语言融入阅读教学的设计与实施

语文阅读教育是一种思维教育，不仅要教授学生阅读技巧，还要引导学生进行独立思考和主动思考。学习者应根据自身的能力和习惯，结合教师教授的技巧，通过整理和归纳总结形成自己的阅读和学习方法，从而掌握更加高效、快速和准确获取文本内容信息的技能，并将该技能进行迁移，加强多个学科的贯通和联系。课程教学设计和实施如图 2-1 所示。

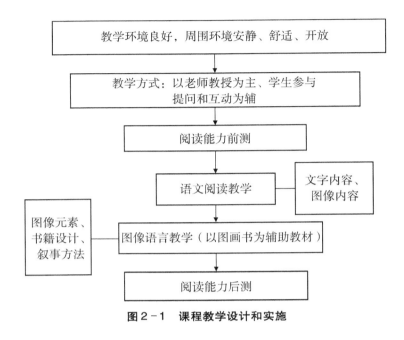

图 2-1　课程教学设计和实施

一、图像语言教学的内容

图像语言教学是指采用以教师讲授为主、学生参与提问和互动为辅的方式，教师通过图像语言教学模式进行语文图画书阅读教学，分别就语文阅读文本的文字内容和图像内容进行阅读技巧的教学。图像语言教学旨在通过帮助学生获取分析阅读文本和图片的技巧，增强学生对图画书内容的理解、规避语文阅读常见的错误，保证课程教学的设计实施相同。教学持续时间为一个学期，教学进度相同。

（一）图像语言教学框架

图 2-2 为笔者在厘清图像语言概念和内涵以及图像识读概念的基础上建构的儿童阅读图画书中的图像语言教学框架。

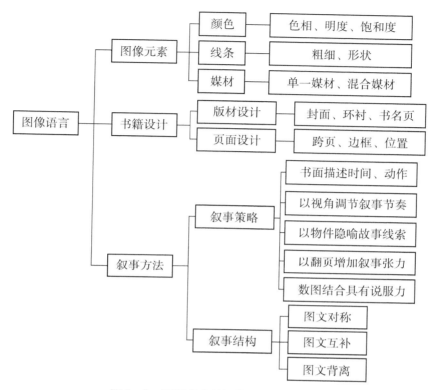

图2-2　图画书中的图像语言教学框架

（二）PIRLS 核心概念下的图像语言教学设计

本研究中，对学生阅读能力的测试与评价是基于 PIRLS 进行分析讨论的。因此，图像语言融入阅读的教学与实施也应在 PIRLS 核心概念"阅读素养"理念所蕴含的文学阅读观、教学观的总体框架下进行设计。

PILRS 在题型方面主要由选择题（包含单项和多选）和建构反应题构成。选择题有 4 个选项，单选题中仅有一个是正确答案，多选题则有两项或两项以上的正确答案可被用作评估不同的阅读过程。建构反应题是开放式问答题，分短答题和长答题，主要用于考查学生自行思考问题的能力，以及用文字表达思考内容的能力，可被用于评估一些较复杂如推论和评价的阅读过程。

PIRSL 的考察目标在于了解学生获取信息、解释文本、反思与评价的能力。因此，试题的设计应围绕 PIRLS 的阅读考察目标相应分为以下四大部分，如表 2-7 所示。

表 2-7　PIRLS 测量学生阅读的四大能力

序号	阅读能力
（1）	提取明确陈述的信息
（2）	直接推论
（3）	阐释、整合观点与信息
（4）	考察、评价文本内容语言和文本元素

图像语言教学过程也应根据这四大部分来设计，以发挥图像辅助文字语言的理解功能。

实验干预的阅读课堂教学应紧扣这四大能力进行设计。首先，确定适切的阅读文本，即选择能够体现 PIRLS 精神①的文本；其次，根据文本重难点设置各能力层级的问题，即符合 PIRLS 考查学生的获取信息、解释文本、反思与评价的能力要求；最后，选择有效的阅读教学策略，即配合图像语言教学精读、泛读、演读、画读、疑读等阅读策略。

其中，如何结合文本的重难点设置针对四大能力的问题是阅读课程教学设计的核心。因为问题的设置决定教学的思想，指向测试的层级，培养学生的能力，所以科学、精准地设计问题能够有效地干预阅读教学，实时掌握和了解学生对课文内容、表达、结构的掌握情况，分析学生学习的重难点，适当取舍教学内容，运用有效的教学策略，建构高效的阅读课堂。以下是根据文本的重难点，结合图像语言去设计问题的具体策略，从而根据 PIRLS 考察目标，有针对性地训练学生的四大阅读能力。

（1）聚焦并提取明确陈述的信息——快速定位。

直接提取信息，即要求读者使用不同的方法去定位信息并理解相

①　PIRLS 阅读素养的精神在于测评学生为个人应用而阅读、为公共应用而阅读、为工作而阅读、为教育而阅读这四种情境下获取信息、解释文本、反思和评价的能力。

应的内容。这一层次的理解不需要任何推断或解释，只需要读者快速定位关键词，理解文章，并清晰表述出相关信息。

因此，教师在设计教学问题时，可结合图像语言中的图像元素、书籍设计和叙事方法来思考内容（见表2-8）。

表2-8　PIRLS阅读四大能力之快速定位

提取明确陈述的信息——快速定位	图像语言结合点
识别与阅读相关的特定信息	抓住图像元素中颜色或线条能够代表或隐含的一些特定信息去设计问题
寻找特定观点	抓住叙事策略中时间或视角变化能突出的故事主旨或观点去设计问题
寻找字词含义	抓住叙事结构中有着图文对称关系的字词含义去设计问题
辨认故事要素	抓住叙事策略中突出的特定时间、特殊物件、特别视角等要素去设计问题

综上所述，教师可根据上述几点设计教学问题，从而训练学生快速定位、捕捉细节等相关的阅读能力。

（2）直接推论——联想推理。

推论是阅读理论中极为重要的一环（Zwaan和Singer，2003）。推论的类型可大致分为以下四类：①为消除歧义的推论；②指代推论；③联系性推论；④联想性推论（Tse，Ng，Loh，谢锡金、林伟业，2013）。在阅读过程中，读者一般根据自己已有的知识背景及先知经验，对下文进行预测和推论，补充篇章中不能面面俱到的地方。读者会把读到的内容变成图像，利用推论还原具体形象和相关情境，这个过程被称为"建立心理意象"（Tse，Ng，Loh，2013）。通过对学生图像语言的训练，丰富学生的"图式"① 概念，能够促进学生

---

① 图式理论是由英国心理学家巴特利特（Bartlett）在其1932年发表的《记忆：一个实验的与社会的心理学研究》中提出"图式"（schema）的概念，既指人们过去的经验，也指人们运用这些已备的先前经验积极组织思维的心理活动。回忆是人们受先前经验的影响，对所获材料进行重建、改造。

在建立心理意象时产生更为深刻的理解。

因此，教师在设计教学问题时，可从图画书作品中最具有推论价值的图像元素、书籍设计、叙事方法这三大板块去进行预设。教师应尽量挖掘图画书中有价值、可进行推论的问题（见表2-9）。

表2-9　PIRLS阅读四大能力之联想推理

直接推论——联想推理	图像语言结合点
推断由一个事件可引发另一个事件	抓住版式设计中封面、环衬书名页的关联，以及页面设计中跨页的关联去设计问题
判断代词的指代含义	抓住叙事策略中物件隐喻的特定代词去设计问题
在对比和争议中总结出主要观点	抓住叙事结构中图文互补或图文背离中彼此关联或相互矛盾的点去设计问题
故事里的人物关系	抓住叙事策略中通过不同视角体现的人物或事物的关系去设计问题

综上所述，教师可根据上述几点去设计教学问题，引导学生通过图画中的物件或线索寻找关联，从而训练学生的推理能力。

（3）阐释、整合观点与信息——阐释整合。

阐释、整合观点与信息需要读者将相关细节和全文主旨相结合，不仅需要对局部进行推论，而且需要前后衔接、上下连贯地理解全文内容，将对文章的理解构建成完整的心理表达结构。读者由于知识经验不同，所表现的理解程度会有一定的差异。这一层面的认知能力需要通过整合个人背景知识和先知经验来解释文本内容。因此，读者对阅读材料的相关背景知识是否了解，对阅读效能影响很大。

教师在设计教学问题时，可着重由以下几个方面进行预设（见表2-10）。

表2－10　　PIRLS阅读四大能力之阐释整合

阐释、整合观点与 信息——阐释整合	图像语言结合点
文章的整体信息和主题	抓住叙事策略中可贯穿全文的时间线索或特殊物件，或从图文对称、图文互补或图文背离的不同叙事结构中能够推论出文章主旨的地方去设置问题
判断故事的整体情感基调	通过图像元素中的颜色和媒材，可判断整部作品的基调，在此可设计问题
将不同信息贯连	抓住叙事策略中的时间、视角、物件、翻页等可形成线索、贯穿主旨的地方去设计问题

综上所述，教师可根据上述几点去设计教学问题，抓住统领文章的大问题及文章重点段落，引导学生通过读图加深对文章的理解，从而训练学生阐释、整合、联想、想象的能力。

（4）考察、评价文本内容语言和文本元素——表达评鉴。

考察、评价文本内容语言和文本元素需要读者根据文章内容与真实世界、自身经验进行互相比较印证，运用真实世界的知识对文章内容作出评价。此层面不是单纯意义上的建构，可以有肯定、否定或中立的态度，但需要读者通过理解文章的主旨，用客观的表达来支撑自己的观点。因此，读者可以运用个人视角和批判性思维对文章的目的、写作角度和写作手法进行质疑，检视文章的内容和含义。

在设计教学问题时，可从以下几个方面去预设（见表2－11）。

表2－11　　PIRLS阅读四大能力之表达评鉴

考察、评价文本内容语言和 文本元素——表达评鉴	图像语言结合点
作者所选形容词如何 影响文章含义的表达	抓住图像元素中关于颜色、线条或者媒材的形容词去探究作者如何通过其表达文章内涵去设计问题

续表 2 - 11

考察、评价文本内容语言和 文本元素——表达评鉴	图像语言结合点
作品出人意料的结局	抓住叙事策略中的翻页和叙事结构中的图文关系，找到充满戏剧性的地方或惊喜处去设计问题
确定作者对主题中心的视角	抓住能够推论文章主旨的叙事策略之视角以及叙事结构中的图文关系去设计问题

综上所述，教师可根据上述中的几点去设计教学问题，抓住写法上的重点问题，从而训练学生对文本内容语言的表达与评鉴能力。

二、图像语言教学的组织

在实验干预的阅读课堂教学中，首先，实验组和控制组同时使用相同的阅读材料，课内阅读是教科书的内容，课外阅读则是与之相配套的图画书，所有阅读材料都包含文字和图片。其次，实验组班级加入干预项，即语文图画书阅读教学和图像语言教学同时进行，控制组班级则只进行传统语文教材的阅读教学；控制组教师的教学方法为传统的"读文教学"，实验组教师则实施"整合型教学"；控制组教师的教学导向为"文本教学"，实验组教师的教学导向为"情景阅读教学"。最后，对实施语文图画书阅读教学的教师进行访谈，了解在语文图画书阅读教学过程中是否存在问题，以及接受语文图画书阅读教学和图像语言教学后学生的变化。

（一）对照组与实验组的图像语言教学流程

对照组与实验组的图像语言教学流程具体如表 2 - 12 所示。

表 2 - 12　图像语言教学流程

流程	传统授课模式（对照组）		图像语言授课模式（实验组）
教学目标	1. 以文字为主，培养学生的阅读能力，激发其阅读兴趣； 2. 以理解故事线索及篇章结构为基础，重点学习主要段落和词句表达方法，学会概括文章的主题思想		1. 以文字为主、图像为辅，培养学生运用图像思维的能力，激发其阅读兴趣； 2. 以 PIRLS 阅读四大能力为培养准则，引导学生通过读图，对文本的理解作出归纳与推论，并对文章的深层含义进行准确评鉴
教学过程	导入	以文字为主：以文字故事导入	以图片为主：以图片导入，关注图像元素＋书籍设计
	初读课文，整体感知	以文字为主：篇章结构＋故事线索＋主要人物	以图片为主、文字为辅：图像元素＋书籍设计＋叙事方法
	精读课文，解答难点	以文字为主：主要段落＋重要词句＋表达方法	以文字为主、图片为辅：图像元素＋书籍设计＋叙事方法＋PIRLS 阅读四大能力与图像语言结合点
	归纳总结，拓展应用	以文字为主：主题思想	以文字为主：PIRLS 阅读四大能力与图像语言结合点

（二）实验组图像语言教学中"鹰架结构"的搭建

（1）建立模型（教师主导）：对图像语言语法分析的理论知识进行搭建（图像语言理论知识，以图片为主）。

（2）指导性练习（以教师为主、学生为辅）：文字与图像相结合的语篇分析（教科书和辅助教材图画书，以图片为主、文字为辅）。

（3）责任逐步释放（以学生为主、教师为辅）：课内阅读练习题的语篇分析（课内阅读材料，以文字为主、图片为辅）。

（4）独立练习（学生主导）：课外阅读练习题或课外阅读书目的

拓展学习（课外阅读材料，以文字为主、图片为辅）。

三、图像语言的教学策略

"任何一种教学策略都是指向一定的教学目标，为完成一定的教学任务而创立的。"（和学新，2005）因此，在思考如何更好地实施文本阅读教学策略时，首先要明确的是图像语言教学要达成何种教学目标，即要培养学生何种能力和素养。在小学阶段，学生在阅读方面遇到的障碍包括联想和抽象思维还不够，对隐性信息的挖掘以及对信息的复述能力有所欠缺，阅读方法欠缺与阅读思路模糊，对信息挖掘搜集和判断能力不足，等等。因此，需要从预测与推论策略、联结策略及心像法等教学策略上做进一步优化。图像语言教学即通过提升学生的视觉空间能力、形象思维与逻辑思维能力来深化学生对文本内容或概念的理解。

（一）预测与推论策略

预测即读者在阅读文本前，依照题目或段落标题预测文章内容，以及在阅读文本过程中，预测故事发展的可能和结果。预测也包含读者在此过程中逐步建构意义，先行预测或利用上下文线索进行推论等思维活动。图像语言教学通过图文结合与转化的形式来训练学生的预测和推论能力。例如，图像元素中蓝色可能代表忧郁：红色可能表示勇敢，但也可能是代表邪恶、残暴。这些信息都有可能传达了全文的基调，有助于学生对文章主旨的预测。又如，通过定位文中的特殊物件或特殊视角，可以对其出现的次数进行统计，并且把它们串联起来，以此推论出文章完整的线索；图画书中的一些巧妙设计通常蕴含着作者的文章构思，可以利用图画书的封面、环衬及书名页去预测故事发展的可能和结果，也可以通过页面设计中的跨页、边框及位置去预测故事发展的反转情节或人物关系等，还可以通过图文对称、图文互补、图文背离三种不同的图文关系引导学生不断检视与印证自己预测内容的正确与否。在图像语言教学中，不断为学生提供预测与推论的语境，以便其对文章线索进行追寻与解码。

（二）联结策略

联结策略是指读者将文本内容与自身先知经验相联系，一方是要理解的对象，即文本内容；另一方则是辅助其理解文本内容的"工具"，即个人生活经验。图文并存的阅读文本中，文学类文本有图片，而信息类文本经常使用的表达方式还有表格、数据等，以上形式能够让学生直观、形象、具体地感受对象的发展变化及文本信息的表达，但如果阅读只停留在获取图片或数据所传达的显性信息上，并未进行相关信息的联结以及探究图片数据背后的本质及问题，就容易造成数据与信息相关的背景、现实表象与深度意义之间的断裂，进而影响阅读目标的实现。因此，当文本内容中出现以上文、表、图有机结合的情况时，教师可运用联结策略，引导学生通过深入思考图片、数据、表格与文本间的关联（换言之，即现象与本质之间的联系），从而获取文本的深层意义，以培养学生获取信息的意识，提高加工信息和利用信息的能力。

（三）心像法策略

心像法是一种心理能力，即读者在阅读一篇文章时，其大脑能够想象一幅图景或实体，透过个人的先知经验和对文章的自我解读，整合信息后产生的一幅虚构的图像的能力。当阅读者使用心像法进行思考时，可将之称为视觉的思考（visual thinking）。使用心像策略有助于提高学习成效，将学习中的前后项以心像联结，依序联结连续项，能产生较佳的学习效果。

由上至下的阅读模式是最具代表的阅读理解策略，即为心像法：读者在面对阅读材料时，会首先凝视材料，而贮存于长期记忆中的相关信息会引导视觉形成一种知觉心像。这种知觉心像包含读者真正看到的以及期待看到的信息。形成心像后，读者能够进一步运用语法及语意线索来扩增或修正心像，以形成对文意的基本理解。

习得图像语言方法后，读者在阅读材料时形成的知觉心像能够比之前更为具体、形象，贮存于长期记忆中的信息则会引导视觉选择某种字形语音线索，对文意形成更为具象的知觉心像。这些知觉心像会进一步扩增或修正，以形成对文意的理解。因此，在图像语言教学中，不论是图像元素还是图像语言叙事策略与结构，都可以使读者更为深入地理解文本，而其区别是图像元素，主要指具体颜色、线条等的具象呈现，图像语言叙事策略与结构则是对整体画面的感知。

四、图像语言课程的师资培训

要想在图像语言课程的教师培训中取得良好的效果，首先应该具备两个要素：其一，理念需得到实验组教师的认同；其二，实验组教师能够主动参与其中。因此，为了让实验组教师能够尽快掌握图像语言教学的相关知识及教学策略，并且在课堂教学中顺利实施，需激发并增强实验组教师的主观能动性。同时，本研究的图像语言课程师资培训内容包括培训目的及观念的明确、学习资源的提供等。培训前，笔者与实验组教师进行多次沟通，运用每周两次的语文教研时间（每次 40 分钟）对两名实验组教师展开培训，明确培训目的以及课程观念，并为他们提供充足的学习资源，包括图像语言基础知识、图画书材料、PIRLS 阅读材料以及相关论文文献。培训主要分为以下四个阶段（见表 2 - 13）。

表 2 - 13　培训的四个阶段

时间 （40 分钟/天）	阶段	目标	内容
1～2 天	初步了解图像语言课程	转变传统阅读观念，认识图像语言学习的重要性	图像语言基础知识
1～2 天	初步掌握图像语言课程的基本流程	实验组教师掌握图画书阅读课的基本流程，通过教学帮助学生分析阅读文本和图片的技巧	运用图画书进行图像语言教学设计

续表 2 - 13

时间 (40 分钟/天)	阶段	目标	内容
1～2 天	学会结合 PIRLS 阅读四大能力展开阅读教学	实验组教师能够根据 PIRLS 阅读四大能力来设计图像语言教学，帮助学生有针对性地提升获取信息、解释文本、反思与评价的能力	运用 PIRLS 阅读四大能力进行图像语言教学设计
伴随整个培训过程	反思与进步	实验组教师能够通过相关文献阅读，不断反思，及时发现阅读教学方面的困惑与问题，与笔者进行沟通，在反思中实践，在实践中提升	相关论文文献阅读

实验采用自然实验研究的方式，实验教学与语文课程同步，以单元组织教学内容，每个单元有一次集中的图像语言阅读课。两名实验组教师与笔者共同备课。实验设计仅要求实验组在阅读课中融入图像语言教学，从而辅助学生对文字的理解，并不改变原有的教学内容，因此，实验组教师可以有较大的发挥空间。每次实验课程结束后，实验组教师可提出教学困惑或者问题，与笔者进行沟通与反思。

第三节　实验进度安排和实施

一、预实验的安排和实施

（一）预实验样本选择和说明

在正式实验之前，需要进行前期预实验，以检测实验的效果，同时，根据预实验过程中出现的问题进行思考和修正，以帮助和完善正式实验的操作和实施。预实验对象为厦门市金尚小学四年级 1 班（对照组）和 3 班（实验组）。其中，四年级 1 班（对照组）共 50 名学生，3班（实验组）共49名学生。1班教师教龄20年，教学态度严谨认真，教学风格较为传统；3班教师教龄25年，教学风格与1班教师较为相似，教学态度严谨认真，比较严肃，对学生要求较高。因此，本研究选取1班作为预实验对照组，选取3班作为预实验实验组。

（二）预实验分析结果

为了分析图像语言实验干预是否能够影响小学生的语文阅读能力（文本理解能力），本研究对实验组和对照组分别进行了前测、中测、后测三个时间点的成绩测量。同时，为了分析实验组和对照组在不同时间点的小学生的文学性阅读能力的差异性，即实验组和对照组在三个时间点的成绩是否有差异，变化如何，本研究通过采用多因素重复测量方差分析并得到如下结论。

总体来看，文学性阅读成绩、信息性阅读成绩和整体阅读成绩均受到时间因素的影响。其中，实验中期较实验前期的文学性阅读成绩有较大的提升，但在实验后期有所下降。在实验前期、中期、后期，学生的信息性阅读成绩都有较大的提升。

文学性阅读成绩、信息性阅读成绩和整体阅读成绩虽然受到实验干预因素的影响，但均不显著。时间因素和实验干预因素对文学性阅读成绩不存在交互作用，而时间因素和实验干预因素对信息性阅读成绩存在交互作用；并且，时间因素和实验干预因素对阅读成绩存在交互作用。

对三个时间段实验组和对照组成绩变化情况和趋势进行分析发现，在前测至中测之间，对照组1班的文学性阅读成绩上升较快，而实验组3班的文学性阅读成绩上升相对较慢。在中测至后测之间，对照组1班和实验组3班的文学性阅读成绩都有所下降，但对照组1班的文学性阅读成绩下降的幅度较大，而实验组3班的文学性阅读成绩下降的幅度较小。可能的原因在于，在实验干预第一阶段效果不太明显，但是在试验干预第二阶段呈现了一定的效果（缓解了下降幅度）。实验组和对照组的文学性阅读成绩在第二阶段都呈现下降趋势，可能是受到课程进度的影响（时间因素），即在第二阶段课程难度增加，导致两个班级的成绩都有所下降。

在前测、中测和后测三个时间段，对照组1班的信息性阅读成绩基本保持稳定上升；而实验组3班的信息性阅读成绩在第一阶段的上升相对较慢。但在第二阶段，实验组3班的信息性阅读成绩的上升速度较第一阶段有所提升。可能的原因是，实验组3班加入图像语言教学干预实验，原有的信息性阅读能力受到影响，而新的方法还没有被很好地掌握或产生很好的影响，所以在第一阶段，信息性阅读能力受到影响，但从第二阶段开始，实验组3班的信息性阅读能力逐渐增强，并且增加幅度比第一阶段要大。按照这个趋势可以推测，如果在后测之后增加一次追踪测试，则实验干预对实验组3班的信息性阅读成绩的提升就会超过对照组1班的成绩，并可能逐渐拉开距离。

在前测、中测两个时间段，对照组1班和实验组3班的阅读成绩基本保持上升趋势，此时，实验组3班的文学性阅读成绩在第一阶段的上升趋势相对较慢。在中测和后测两个时间段，对照组1班和实验组3班的阅读成绩基本保持上升趋势，但两个班的上升趋势相较于第一阶段都有所下降，并且变化趋势基本相同。可能原因是实验组3班加入图像语言教学干预实验，其原有的整体阅读能力受到影响，而新的方法还没有被学会或产生很好的影响，所以，在第一阶段，其整体阅读能力受到影响（与对照组相比）。但从第二阶段开始，实验组3班的整体阅读能力逐渐增强，并且增加幅度比第一阶段要大［结合对照组1班上升幅度的变小（可能受到课程难度或其他因素的作用导致两组阅读成绩整体上升幅度都减小），相对而言，实验组3班与对照组1班的差距在第二阶段缩小］。按照这个趋势可以推测，实验组3班与对照组1班的成绩变动幅度逐渐缩小，甚至可能实现实验组3班阅读能力的上升幅度大于对照组1班的阅读能力的上升幅度。

（三）预实验启示

通过预调查实验和数据分析，我们发现了一些问题和不足需要进行改进。首先，在实验组和对照组班级样本选取中，无法选取学习能力基本相同的样本，这就难以排除学生自身学习能力和基础条件比较好的因素对后续结果的影响。规避的可能办法是检查成绩变动幅度的差异性而不是检查成绩高低的差异性。

其次，分析发现第二阶段受到了非实验因素的影响，具体影响未知。笔者通过与教师和学生的沟通，发现可能的原因是第二阶段课程难度整体提升，两个阶段的试卷难度和侧重点不同，或者存在其他因素。此外，在预实验过程中，可以发现教师和学生在第一阶段积极配合，但在第二阶段有疲劳和情绪波动的情况。笔者在课堂跟踪过程中发现这一情况后及时与教师进行了沟通，后续情况得到了调整和改善。通过预实验可以及时发现一些问题和不足，使笔者对研究结果有初步的了解，并及时进行修正，从而尽可能地规避其他因素的影响，保证正式实验的实施和结果的有效性。

二、正式实验的安排和实施

实验程序的设计对于实验的成败和效果非常重要。为了合理、科学地设计实验，笔者通过梳理相关研究文献、请教多位语文类教学实验专业人员后进行了实验程序的设计，并将初步实验程序交由专家和教师进行评论和修改，最后得到的实验设计程序如图 2 - 14 所示。

表 2 - 14　实验设计程序

阶段	实施时间	主要内容
文献梳理和选题阶段	2019 年 3 月—2019 年 5 月	笔者首先进行文献阅读，并对相关文献进行梳理，查找自己感兴趣的研究内容。然后，和导师沟通交流，并在导师的指导下确定研究方向。经过多次参加国际会议获取关于语文图画书阅读领域研究前沿的问题，并多次与知名研究学者进行交流，最后确定研究主题、研究内容

续表 2 - 14

阶段	实施时间	主要内容
实地考察阶段	2019 年 5 月—2019 年 9 月	笔者多次往返于厦门和香港,对目标样本学校和班级进行了解,并与相关教师沟通实验设计和实施情况
工具选择阶段	2019 年 9 月—2019 年 11 月	笔者根据研究目的和研究内容进行测试材料的选择和整理,通过文献搜索和与导师沟通进一步确定测量表和材料
实验准备阶段	2019 年 11 月—2020 年 1 月	笔者首先对教学教师进行培训和任务说明,然后对实验对象进行小型的预测,准备实验测量和干预材料、访谈大纲、录像设备等
实验进行阶段	2020 年 2 月—2021 年 1 月	笔者首先在实验学校进行实验课程的教学和干预教学的实施,然后在实验干预后进行后测,并对实验组教师和随机选取的参与实验的学生进行访谈
数据分析和论文撰写阶段	2021 年 2 月—2021 年 7 月	笔者计划首先对测量的材料进行统计和处理,对实验录像和访谈内容进行分析,然后根据实验结果撰写论文报告,并就实验结果进行总结

第三章　实验结果

第一节　对实验对象基本特征的分析

正式实验对象为厦门市湖里区金尚小学（学校1）四年级2班（对照组）和4班（实验组），以及厦门市同安区实验小学（学校2）四年级5班（对照组）和6班（实验组）。其中，2班（对照组）共49名学生，4班（实验组）共48名学生，5班（对照组）共49名学生，6班（实验组）共49名学生（见表3-1）。我们将2班和5班对照组合并作为对照组，总共98个样本，占比50.30%；4班和6班实验组合并作为实验组，总共97个样本，占比49.70%；通过SPSS 26.0进行描述性统计分析、频率分析、t检验以及多阶段重复测量方差分析等。

表3-1　学校、班级交叉制表　　　　（单位：人）

变量		班级				合计
		2班（对照组）	4班（实验组）	5班（对照组）	6班（实验组）	
学校	湖里区金尚小学	49	48	0	0	97
	同安区实验小学	0	0	49	49	98
合计		49	48	49	49	195

从样本的情况来看，总样本195人，其中，男学生116人（59.50%），女学生79人（40.50%），男学生相对较多。有72人为2009年出生（11岁），占比36.90%；123人为2010年出生（10岁），占比63.10%。为了体现不同基础成绩水平的学生在实验过程中的表现变化，笔者对阅读成绩（基础成绩）进行了三等份划分，

低分组、中学组和高分组的学生数量分别为 65、65 和 65，每部分分别各占总数的 33.33％。实验对象的基本情况如表 3-2 所示。

表3-2　实验对象的基本情况

变量	类别	频率	百分比（％）
性别	男	116	59.50
	女	79	40.50
年龄	10 岁	123	63.10
	11 岁	72	36.90
基础成绩类别	低分组	65	33.33
	中分组	65	33.33
	高分组	65	33.33

表 3-3 实验干预和基础成绩的交叉制表展示了不同组别的学生基础成绩的不同数量和比例。在对照组中，基础成绩在低分组、中分组和高分组中的学生数量分别为 29、34 和 35，所占比例分别为 29.60％、34.70％ 和 35.70％。在实验组中，基础成绩在低分组、中分组和高分组的学生数量分别为 36、31 和 30，所占比例分别为 37.10％、32.00％ 和 30.90％。

表3-3　实验干预、基础成绩的交叉制表

变量			基础成绩			合计
			低分组	中分组	高分组	
实验干预	对照组	计数（人）	29	34	35	98
		实验干预占比（％）	29.60	34.70	35.70	100.00
		基础成绩占比（％）	44.60	52.30	53.80	50.30
		总数占比（％）	14.90	17.40	17.90	50.30
	实验组	计数（人）	36	31	30	97
		实验干预占比（％）	37.10	32.00	30.90	100.00
		基础成绩占比（％）	55.40	47.70	46.20	49.70
		总数占比（％）	18.50	15.90	15.40	49.70
合计		计数（人）	65	65	65	195

从上表可以看出，基础成绩在实验组和对照组的人数相差较小，

即人数因素对实验结果的影响较小，有利于后续实验结果的对比。

表 3－4 展示了对照组和实验组前测成绩的卡方检验结果。Pearson 卡方检验的值为 1.272，自由度（df）为 2，双侧渐进显著性（Sig.）为 0.529。这表明对照组和实验组前测成绩之间的关联性较低，因为显著性值大于常用的显著性阈值（如 0.05）。似然比检验的值为 1.274，自由度（df）为 2，双侧渐进显著性（Sig.）为 0.529。这一结果与 Pearson 卡方检验的结果一致，也表明对照组和实验组前测成绩之间的关联性较低。线性和线性组合检验的值为 1.102，自由度（df）为 1，双侧渐进显著性（Sig.）为 0.294。这一结果进一步证实了对照组和实验组前测成绩之间的关联性较低。表中还发现，在该卡方检验中，0 个单元格（0%）的期望计数少于 5，最小期望计数为 32.33。因为所有单元格的期望计数均大于 5，这说明该检验的结果较为稳定。综上所述，卡方检验数据表示实验组和对照组的基础成绩不存在差异性。

表 3－4　对照组和实验组前测成绩的卡方检验

卡方检验	值	df	渐进 Sig.（双侧）
Pearson 卡方	1.272	2	0.529
似然比	1.274	2	0.529
线性和线性组合	1.102	1	0.294
有效案例中的 N	195	—	—

第二节　实验干预对学生各类文本理解能力的影响与分析

一、实验干预对学生文本理解能力的影响

本研究采用图像语言教学干预实验法，并分别进行了实验前测、实验中测和实验后测。为了测量学生文本理解能力在实验干预前后的

变化，本研究根据已有研究选取多元方差分析法（Multivariate Analysis of Variance，MANOVA）进行分析。多元方差分析法要求各时点指标变量满足球形假设（Sphericity 假设），通常用 Mauchly 方法检验是否满足球形假设，若检验结果 $P > 0.05$，认为满足球形假设，可直接进行一元方差分析；若 $P < 0.05$，则不满足球形假设，应以多元方差分析结果为准，或以一元方差分析矫正结果为准。

表 3-5 描述了时间因素、实验干预和基础成绩对文本理解能力的影响。我们从中可以发现，时间因素、实验干预和基础成绩均对文本理解能力产生显著影响。其中，时间因素和基础成绩的 F 值分别为 112.378 和 115.877，远高于实验干预的 F 值 4.079，表明它们在影响文本理解能力方面起到更为关键的作用。其次，在交互作用方面，仅时间因素与基础成绩的组合对文本理解能力产生显著影响，F 值为 19.798，显著性值为 0.000。这表明时间因素与基础成绩在一定程度上共同作用，共同影响学生的文本理解能力。其他交互作用组合方面，如时间因素与实验干预、实验干预与基础成绩以及三者的综合交互作用，并未对文本理解能力产生显著影响，显著性值均大于 0.05。综上，可以认为，时间因素和基础成绩在影响文本理解能力方面具有较大的作用，而实验干预的影响相对较小。下面，笔者将对上述结果一一展开分析。

表 3-5　时间因素、实验干预和基础成绩对学生文本理解能力的影响

变量	平方和	自由度	均方	F	显著性	是否显著
时间因素	2549.199	1.974	1291.202	112.378	0.000	是
实验干预	112.820	1.000	112.820	4.079	0.045	是
基础成绩	6410.779	2.000	3205.389	115.877	0.000	是
时间因素、实验干预	67.458	1.974	34.169	2.974	0.053	否
时间因素、基础成绩	898.194	3.949	227.473	19.798	0.000	是
实验干预、基础成绩	22.475	2.000	11.238	0.406	0.667	否

续表 3-5

变量	平方和	自由度	均方	F	显著性	是否显著
时间因素、实验干预和基础成绩	41.573	3.949	10.529	0.916	0.453	否

（一）时间因素对学生文本理解能力的影响

表3-6展示了不同时间点学生的文本理解能力。根据表3-6，学生的文本理解能力随时间呈现上升趋势。从前测到后测，平均值分别为22.729、26.042和27.777，且95%置信区间没有重叠，说明前测、中测和后测的文本理解能力存在显著差异。表3-7详细展示了时间因素对学生文本理解能力的影响。从前测到中测，平均值差值为-3.313，显著性为0.000，置信区间为[-4.018，-2.608]，说明实验第一阶段（中测-前测）学生的文本理解能力有显著增加。从中测到后测，平均值差值为-1.735，显著性为0.000，置信区间为[-2.415，-1.056]，说明实验第二阶段（后测-中测）学生的文本理解能力仍有显著增加，但增长速度较第一阶段有所减缓。综上，学生的文本理解能力在实验过程中呈现出上升趋势，且在实验第一阶段和第二阶段均有显著增加。然而，第一阶段文本理解能力的增加幅度相对较大。这表明，在实验初期，学生的文本理解能力可能受到教学方法的较大影响，随着实验的推进，在后期阶段，文本理解能力的提高逐渐趋于稳定。

表3-6 不同时间点学生的文本理解能力

时间	平均值	标准误差	95%置信区间	
			下限	上限
前测	22.729	0.180	22.374	23.083
中测	26.042	0.353	25.346	26.738
后测	27.777	0.321	27.144	28.410

表 3 - 7　时间因素对学生文本理解能力的影响

时间（I）	时间（J）	平均值差值（I－J）	标准误差	显著性	95%置信区间	
					下限	上限
前测	中测	－ 3.313*	0.357	0.000	－ 4.018	－ 2.608
	后测	－ 5.049*	0.324	0.000	－ 5.687	－ 4.410
中测	前测	3.313*	0.357	0.000	2.608	4.018
	后测	－ 1.735*	0.345	0.000	－ 2.415	－ 1.056
后测	前测	5.049*	0.324	0.000	4.410	5.687
	中测	1.735*	0.345	0.000	1.056	2.415

注："＊"平均值差值的显著性水平为 0.05。

（二）实验干预对学生文本理解能力的影响

在实验干预对学生文本理解能力的影响方面，表 3 - 8 显示了实验组和对照组学生的文本理解能力。实验组的平均值为 25.956，标准误差为 0.309，置信区间为［25.346, 26.567］；对照组的平均值为 25.075，标准误差为 0.308，置信区间为［24.468, 25.682］。从置信区间来看，实验组和对照组的文本理解能力存在显著差异，且实验组学生的文本理解能力要大于对照组学生的文本理解能力。表 3 - 9 进一步展示了实验干预对学生文本理解能力的影响。从实验组到对照组，平均值差值为 0.881，标准误差为 0.436，显著性为 0.045，差值的 95%置信区间为［0.020, 1.742］。由于显著性水平小于 0.05，我们可以得出实验干预对学生文本理解能力的影响是显著的。综上，实验干预对学生文本理解能力具有显著影响，实验组学生的文本理解能力要大于对照组学生的文本理解能力。这说明实验干预可能对提高学生的文本理解能力具有积极作用。

表3-8 实验组和对照组学生的文本理解能力

实验干预	平均值	标准误差	95% 置信区间	
			下限	上限
对照组	25.075	0.308	24.468	25.682
实验组	25.956	0.309	25.346	26.567

表3-9 实验干预对学生文本理解能力的影响

实验干预（I）	实验干预（J）	平均值差值（I-J）	标准误差	显著性	差值的95% 置信区间	
					下限	上限
对照组	1	-0.881*	0.436	0.045	-1.742	-0.020
实验组	0	0.881*	0.436	0.045	0.020	1.742

"*"平均值差值的显著性水平为0.05。

（三）基础成绩对学生文本理解能力的影响

在基础成绩对学生文本理解能力的影响方面，表3-10展示了不同基础成绩组的学生文本理解能力的估算值。从表中可以看出，高分组学生的平均值为29.124，置信区间为［28.379, 29.869］；中分组学生的平均值为26.325，置信区间为［25.581, 27.068］；低分组学生的平均值为21.099，置信区间为［20.352, 21.846］。从置信区间来看，三个基础成绩组之间的文本理解能力存在显著差异，且高分组学生的文本理解能力最强，其次是中分组和低分组。表3-11进一步展示了基础成绩对学生文本理解能力的影响。从高分组到中分组，平均值差值为2.799，显著性为0.000；从高分组到低分组，平均值差值为8.025，显著性为0.000；从中分组到低分组，平均值差值为5.226，显著性为0.000。由于所有显著性水平均小于0.05，我们可以得出基础成绩对学生文本理解能力的影响是显著的。综上所述，分析结果显示基础成绩与学生的文本理解能力存在显著关系。基础成绩越好的学生，其文本理解能力越强。具体而言，高分组学生的文本理解能力最强，其次是中分组和低分组。

表3-10　基础成绩的估算值

基础成绩	平均值	标准误差	95%置信区间	
			下限	上限
低分组	21.099	0.379	20.352	21.846
中分组	26.325	0.377	25.581	27.068
高分组	29.124	0.378	28.379	29.869

表3-11　基础成绩对学生文本理解能力的影响

基础成绩（I）	基础成绩（J）	平均值差值（I-J）	标准误差	显著性
低分组	中分组	-5.226*	0.534	0.000
	高分组	-8.025*	0.535	0.000
中分组	低分组	5.226*	0.534	0.000
	高分组	-2.799*	0.534	0.000
高分组	低分组	8.025*	0.535	0.000
	中分组	2.799*	0.534	0.000

注："*"平均值差值的显著性水平为0.05。

（四）时间因素、实验干预对学生文本理解能力的影响

表3-12展示了时间因素和实验干预因素共同对学生文本理解能力的估算值。在对照组和实验组中，我们可以观察到不同时间点（前测、中测、后测）学生文本理解能力的平均值有所不同。然而，根据之前的分析，时间因素和实验干预因素对学生文本理解能力的影响不显著，这意味着实验干预对学生文本理解能力的影响不随时间而改变。从表格中，我们可以看到实验组和对照组在后测时的平均值分别为28.661和26.893。虽然实验组的文本理解能力得分在后测时高于对照组，但这个差异可能并不具有显著性。

综合来看，实验干预对学生文本理解能力有一定影响，但其影响并不会随着时间的推移而发生显著变化。

表 3 - 12　时间因素和实验干预的估算值

实验干预	时间	平均值	标准误差	95% 置信区间	
				下限	上限
对照组	前测	22.673	0.254	22.172	23.174
	中测	25.659	0.498	24.677	26.642
	后测	26.893	0.453	26.000	27.786
实验组	前测	22.784	0.255	22.281	23.287
	中测	26.424	0.500	25.437	27.411
	后测	28.661	0.455	27.764	29.559

　　为了进一步分析实验干预对学生的文本理解能力随时间的变化情况，本研究采用独立样本 t 检验分析不同时间段实验组和对照组在第一阶段、第二阶段和整个阶段学生的文本理解能力的变化情况。

　　根据表 3 - 13 和表 3 - 14 的数据，可以得出以下结论：在第一阶段（中测 - 前测），实验组学生的文本理解能力平均变化值为 97，而对照组学生的平均变化值为 98。根据表 3 - 14 的独立样本 t 检验结果，两组的差异在自由度为 193 的情况下，双尾显著性值为 0.202，大于 0.05，说明在第一阶段，实验干预对学生文本理解能力的影响无显著差异。在第二阶段（后测 - 中测），实验组学生的文本理解能力平均变化值为 97，而对照组为 98。根据表 3 - 14 的独立样本 t 检验结果，在自由度为 193 的情况下，双尾显著性值为 0.132，大于 0.05，表明在第二阶段，实验干预对学生文本理解能力的影响依然无显著差异。然而，在整个阶段，即第一阶段 + 第二阶段（后测 - 前测），实验组学生的文本理解能力平均变化值为 97，而对照组为 98。表 3 - 14 的独立样本 t 检验结果显示，双尾显著性值为 0.006，小于 0.05，在自由度为 193 的情况下，这表明在整个阶段，实验组和对照组学生的文本理解能力变化值差异显著。综上所述，尽管在第一阶段和第二阶段实验干预对学生的文本理解能力影响无显著差异，但从整个阶段来看，实验干预对学生的文本理解能力具有显著影响，并且呈现促进作用。

表 3 - 13　时间因素、实验干预估算值

变量	实验干预	平均值	标准误差	95% 置信区间	
				下限	上限
中测－前测	实验组	97	3.872	6.093	0.619
	对照组	98	2.846	5.065	0.512
后测－中测	实验组	97	2.221	5.082	0.516
	对照组	98	1.184	4.472	0.452
后测－前测	实验组	97	6.093	5.346	0.543
	对照组	98	4.030	5.070	0.512

表 3 - 14　时间因素、实验干预独立样本 t 检验

变量	假定	F	显著性	t	自由度	Sig.（双尾）
中测－前测	假定等方差	2.713	0.101	1.279	193.000	0.202
	不假定等方差	—	—	1.278	186.069	0.203
后测－中测	假定等方差	1.332	0.250	1.513	193.000	0.132
	不假定等方差	—	—	1.512	189.427	0.132
后测－前测	假定等方差	0.002	0.966	2.765	193.000	0.006
	不假定等方差	—	—	2.764	192.232	0.006

（五）时间因素、基础成绩对学生文本理解能力的影响

根据表 3 - 15 的数据，可以发现，对于低分组的学生，其文本理解能力在第一阶段的平均值为 16.223，第二阶段的平均值为 22.489，整个阶段的平均值为 24.585。从第一阶段到整个阶段，低分组学生的文本理解能力平均值增加了 8.362。对于中分组的学生，其文本理解能力在第一阶段的平均值为 23.438，第二阶段的平均值为 27.150，整个阶段的平均值为 28.386。从第一阶段到整个阶段，中分组学生的文本理解能力平均值增加了 4.948。对于高分组的学生，其文本理解能力在第一阶段的平均值为 28.525，第二阶段的平均值为 28.486，整个阶段的平均值为 30.361。从第一阶段到整个阶段，高分组学生

的文本理解能力平均值增加了 1.836。通过对比三个基础成绩组的学生在不同阶段的文本理解能力平均值，我们可以看到低分组学生的文本理解能力随时间增加的幅度（8.362）明显大于中分组（4.948）和高分组（1.836）学生。这说明，相对于高分组的学生，低分组学生的文本理解能力随时间增加的幅度更大。这可能表明，低基础成绩的学生在时间的推移下有更大的提升空间，而高基础成绩的学生则相对稳定。

表 3-15　时间因素、基础成绩估算值

基础成绩	时间	平均值	标准误差	95% 置信区间	
				下限	上限
低分组	前测	16.223	0.312	15.607	16.839
	中测	22.489	0.613	21.280	23.698
	后测	24.585	0.557	23.486	25.684
中分组	前测	23.438	0.311	22.825	24.051
	中测	27.150	0.610	25.947	28.353
	后测	28.386	0.555	27.292	29.480
高分组	前测	28.525	0.311	27.910	29.139
	中测	28.486	0.611	27.281	29.692
	后测	30.361	0.556	29.265	31.457

为了进一步分析对于不同基础成绩的学生，其文本理解能力随时间变化的情况，本研究首先根据基础成绩对学生进行分类（高分组、中分组和低分组），然后采用配对样本 t 检验进行分析。

根据表 3-16 的配对样本 t 检验结果，可以对不同基础成绩的学生在文本理解能力方面随时间的变化情况进行分析。对于低分组的学生，在第一阶段（中测 - 前测），文本理解能力平均值增加了 6.382，t 值为 8.966，自由度为 64，显著性值（Sig.）为 0.000，小于 0.05。这表明，在第一阶段，低分组学生的文本理解能力显著增加。在第二阶段（后测 - 中测），文本理解能力平均值增加了 2.096，t 值为 3.294，显著性值为 0.002，小于 0.05，说明在第二阶段，低分组学生的文本理解能力仍然显著增加。

对于中分组的学生，在第一阶段，文本理解能力平均值增加了3.702，t 值为6.681，显著性值为0.000，小于0.05，表明在第一阶段，中分组学生的文本理解能力显著增加。在第二阶段，文本理解能力平均值增加了1.222，t 值为1.968，显著性值为0.053，大于0.05，说明在第二阶段，中分组学生的文本理解能力增加不显著。

对于高分组的学生，在第一阶段，文本理解能力平均值下降了0.013，t 值为 -0.023，显著性值为0.982，大于0.05，表明在第一阶段，高分组学生的文本理解能力下降不显著。在第二阶段，文本理解能力平均值增加了1.782，t 值为3.375，显著性值为0.001，小于0.05，说明在第二阶段，高分组学生的文本理解能力显著增加。

因此，通过配对样本 t 检验的分析，可以得出：低分组学生的文本理解能力在第一阶段和第二阶段都显著增加。中分组学生的文本理解能力在第一阶段显著增加，第二阶段增加不显著，但在整个阶段（后测－前测）增加显著。高分组学生的文本理解能力在第一阶段下降不显著，在第二阶段显著增加，且在整个阶段增加显著。

表 3−16　配对样本 t 检验

基础成绩	配对		平均值	标准偏差	t	自由度	Sig.
1	配对 1	中测－前测	6.382	5.739	8.966	64	0.000
	配对 2	后测－中测	2.096	5.130	3.294	64	0.002
	配对 3	后测－前测	8.477	5.686	12.019	64	0.000
2	配对 1	中测－前测	3.702	4.467	6.681	64	0.000
	配对 2	后测－中测	1.222	5.005	1.968	64	0.053
	配对 3	后测－前测	4.923	4.164	9.532	64	0.000
3	配对 1	中测－前测	−0.013	4.642	−0.023	64	0.982
	配对 2	后测－中测	1.782	4.256	3.375	64	0.001
	配对 3	后测－前测	1.768	3.537	4.032	64	0.000

（六）基础成绩、实验干预对学生文本理解能力的影响

根据表3-17的数据，可以对比实验干预对不同基础成绩学生文本理解能力的影响。观察实验组和对照组各组别学生文本理解能力的平均值发现，低分组学生的实验组和对照组平均值分别为21.313和20.885，差异较小。对于中分组学生，实验组和对照组的平均值分别为26.739和25.911，差异仍然不大。对于高分组学生，实验组和对照组的平均值分别为29.818和28.430，尽管实验组略高于对照组，但差异同样不显著。此外，95%置信区间的数据也显示，各组别实验组和对照组学生的文本理解能力在统计学上没有显著差异。综合以上分析，可以得出：实验干预对不同基础成绩的学生文本理解能力的影响不显著。在三个组别中，实验组和对照组学生的文本理解能力差异都不大。这意味着实验干预可能并未对学生的文本理解能力产生预期的积极影响。

表3-17　基础成绩、实验干预估算值

实验干预	基础成绩	平均值	标准误差	95%置信区间	
				下限	上限
对照组	前测	20.885	0.564	19.773	21.997
	中测	25.911	0.521	24.884	26.938
	后测	28.430	0.513	27.418	29.442
实验组	前测	21.313	0.506	20.315	22.311
	中测	26.739	0.545	25.663	27.815
	后测	29.818	0.554	28.724	30.911

（七）时间因素、实验干预、基础成绩对学生文本理解能力的影响

根据表3-18的数据，可以分析时间因素、实验干预和基础成绩对学生文本理解能力的影响。首先，从表格中可以看出，实验干预、基础成绩和时间的不同组合对学生文本理解能力的平均值有所不同。

然而，在相同的时间和基础成绩条件下，实验组和对照组之间的差异并不显著。这表明实验干预对学生文本理解能力的影响较小。其次，根据95%置信区间数据，各组之间的文本理解能力在统计学上没有显著差异。这进一步说明了实验干预对学生文本理解能力的影响不显著。结合以上分析，我们可以得出以下结论：时间因素和基础成绩对学生文本理解能力的影响显著，而实验干预对其影响较小。在不同的时间和基础成绩条件下，实验组和对照组学生的文本理解能力差异不明显。这意味着时间因素和基础成绩对学生文本理解能力的影响不会因实验干预而产生差异，实验干预在这方面的作用有限。

表 3-18　时间因素、实验干预和基础成绩的估算值

实验干预	基础成绩	时间	平均值	标准误差	95% 置信区间	
					下限	上限
对照组	低分组	前测	16.724	0.465	15.807	17.641
		中测	21.914	0.912	20.115	23.713
		后测	24.017	0.829	22.381	25.653
	中分组	前测	23.279	0.429	22.432	24.126
		中测	26.762	0.842	25.100	28.423
		后测	27.691	0.766	26.180	29.202
	高分组	前测	28.016	0.423	27.181	28.851
		中测	28.303	0.830	26.665	29.941
		后测	28.971	0.755	27.482	30.461
实验组	低分组	前测	15.722	0.417	14.899	16.545
		中测	23.064	0.819	21.449	24.679
		后测	25.153	0.744	23.684	26.621
	中分组	前测	23.597	0.450	22.710	24.484
		中测	27.539	0.882	25.799	29.279
		后测	29.081	0.802	27.498	30.663
	高分组	前测	29.033	0.457	28.132	29.935
		中测	28.670	0.897	26.901	30.439
		后测	31.750	0.816	30.141	33.359

为了进一步分析时间因素、实验干预和基础成绩对学生的文本理解能力的影响，本研究针对不同基础成绩（高分组、中分组和低分组）的学生进行分类分析，结合表3-18和图3-1、图3-2、图3-3来看，高分组学生的文本理解能力始终最强，其次依次为中分组和低分组。通过对比实验组和对照组，低分组和中分组在实验前测、中测和后测均值差异不大，而高分组学生的文本理解能力在实验前测和后测的变化差异较大。这说明，相对于低分组和中分组，实验干预对高分组学生的文本理解能力提升较为明显。

图3-1 实验干预和时间因素对低分组学生的文本理解能力的影响

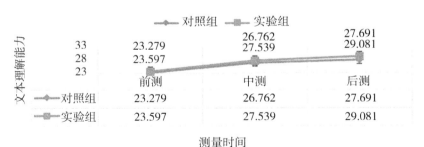

图3-2 实验干预和时间因素对中分组学生的文本理解能力的影响

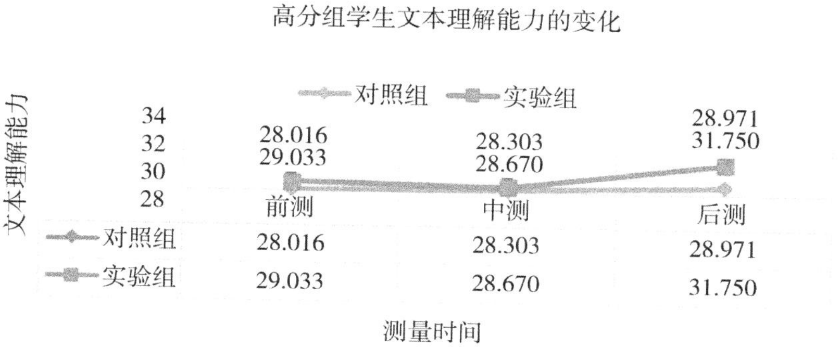

高分组学生文本理解能力的变化

图3-3　实验干预和时间因素对高分组学生的文本理解能力的影响

　　为了进一步分析实验组和对照组在实验前测、中测和后测中学生的文本理解能力变化的差异性，本研究首先对基础成绩进行分类（高分组、中分组和低分组），然后采用独立样本 t 检验。

　　根据表3-19和表3-20的数据，可以分析不同基础成绩的学生在每个阶段的文本理解能力变化及实验干预的影响。首先，从表3-19可以看出，低分组的学生在实验组第一阶段（中测-前测）和整个阶段（后测-前测）的平均值较对照组有显著提升，而中分组的学生在这两个阶段的提升相对较小。这表明对于低分组成绩的学生，图像语言教学对他们的文本理解能力有明显提升。接下来，从表3-20中的 Sig. 值可以看出，对于高分组的学生，在后测-中测和后测-前测阶段，实验组与对照组之间的差异显著（Sig. 值分别为0.022和0.044，均小于0.05）。这说明，在这两个阶段，高分组学生的文本理解能力在实验组中有显著提高。然而，对于中分组和低分组的学生，实验干预的影响不明显。从表3-20中的 Sig. 值可以看出，这些学生在各个阶段的实验组与对照组之间的差异均不显著（Sig. 值均大于0.05）。综上所述，可以得出以下结论：对于高分组成绩的学生，图像语言教学对他们的文本理解能力有明显提升，尤其在第二阶段（后测-中测）提升更为明显。而对于中分组成绩和低分组成绩的学生，图像语言教学对他们的文本理解能力影响不明显。

表 3 - 19　不同基础成绩学生的文本理解能力在每个阶段的变化

基础成绩		是否实验组	个案数	平均值	标准偏差	标准误差平均值
低分组	中测 - 前测	0	29	5.190	5.618	1.043
		1	36	7.342	5.731	0.955
	后测 - 中测	0	29	2.103	5.029	0.934
		1	36	2.089	5.279	0.880
	后测 - 前测	0	29	7.293	5.221	0.970
		1	36	9.431	5.934	0.989
中分组	中测 - 前测	0	34	3.482	4.785	0.821
		1	31	3.942	4.155	0.746

表 3 - 20　不同基础成绩学生实验干预影响的独立样本 t 检验结果

基础成绩		方差齐性检验	F	显著性	t	自由度	Sig.
低分组	中测 - 前测	假定等方差	0.155	0.695	-1.518	63.000	0.134
		不假定等方差	—	—	-1.522	60.570	0.133
	后测 - 中测	假定等方差	0.357	0.552	0.011	63.000	0.991
		不假定等方差	—	—	0.011	61.197	0.991
	后测 - 前测	假定等方差	0.872	0.354	-1.522	63.000	0.133
		不假定等方差	—	—	-1.543	62.474	0.128
中分组	中测 - 前测	假定等方差	0.006	0.940	-0.412	63.000	0.682
		不假定等方差	—	—	-0.414	62.861	0.680
	后测 - 中测	假定等方差	0.081	0.777	-0.490	63.000	0.626
		不假定等方差	—	—	-0.491	62.742	0.625
	后测 - 前测	假定等方差	0.876	0.353	-1.037	63.000	0.303
		不假定等方差	—	—	-1.041	62.992	0.302
高分组	中测 - 前测	假定等方差	5.635	0.021	0.560	63.000	0.577
		不假定等方差	—	—	0.542	47.981	0.590
	后测 - 中测	假定等方差	4.260	0.043	-2.357	63.000	0.022
		不假定等方差	—	—	-2.278	47.221	0.027
	后测 - 前测	假定等方差	1.517	0.223	-2.051	63.000	0.044
		不假定等方差	—	—	-2.079	62.976	0.042

二、实验干预对学生文学类文本理解能力的影响分析

为了分析图像语言教学实验干预是否能够影响学生的文学类文本理解能力，本研究对实验组和对照组的文学类阅读能力分别进行了实验前测、实验中测、实验后测。为了分析实验组和对照组学生的文学类文本理解能力在实验前测、实验中测、实验后测的差异性，本研究通过多元方差分析法（Multivariate Analysis of Variance，MANOVA）发现，球形检验结果 $P = 0.012$，小于 0.05，数据不满足球形假设，应以多元方差分析结果为准。文学类文本理解能力的多元方差分析如下所示。

根据表 3 - 21 的分析，可以发现，时间因素和基础成绩分别对学生的文学类文本理解能力有显著影响（显著性值均为 0.000），而实验干预单独对学生的文学类文本理解能力影响不显著（显著性值为 0.563）。这意味着随着时间的推移和学生基础成绩的差异，学生的文学类文本理解能力会有所变化，但实验干预本身对文本理解能力的提升作用有限。时间因素与基础成绩的交互作用以及时间因素与实验干预的交互作用对学生的文学类文本理解能力具有显著影响（显著性值分别为 0.000 和 0.002）。这表明，在不同时间点，基础成绩和实验干预可能会对学生的文学类文本理解能力产生不同的影响。然而，实验干预与基础成绩的交互作用对学生的文学类文本理解能力影响不显著（显著性值为 0.614）。这意味着实验干预和基础成绩在一起并没有产生显著的叠加效应。当考虑时间因素、实验干预和基础成绩共同作用时，它们对学生文学类文本理解能力的影响是显著的（显著性值为 0.007）。这表明，在不同时间、实验干预和基础成绩条件下，学生的文学类文本理解能力可能会受到多种因素的共同影响。下面，笔者将对上述结果一一展开分析。

表 3-21　时间因素、实验干预、基础成绩对学生文学类文本理解能力的影响

变量	平方和	自由度	均方	F	显著性	是否显著
时间因素	327.289	1.953	167.555	30.769	0.000	是
实验干预	2.976	1.000	2.976	0.336	0.563	否
基础成绩	1383.567	2.000	691.784	78.220	0.000	是
时间因素、实验干预	68.364	1.953	34.999	6.427	0.002	是
时间因素、基础成绩	305.787	3.907	78.274	14.374	0.000	是
实验干预、基础成绩	8.657	2.000	4.328	0.489	0.614	否
时间因素、实验干预、基础成绩	77.754	3.907	19.903	3.655	0.007	是

（一）时间因素对学生文学类文本理解能力的影响

根据表 3-22 的数据，可以发现，在不同时间点，学生的文学类文本理解能力存在差异。前测阶段的平均值为 12.893，中测阶段的平均值上升至 14.648，而后测阶段的平均值稍有下降，为 14.244。这表明文学类文本理解能力会受到时间因素的影响。通过表 3-23 和表 3-24 的成对比较分析数据，可以得出以下结论：第一阶段（中测－前测）学生的文学类文本理解能力显著上升（平均值差值为 1.755，显著性为 0.000），这意味着在这个阶段，学生们的文学类文本理解能力得到了显著的提高。第二阶段（后测－中测）学生的文学类文本理解能力变化不显著（平均值差值为 0.404，显著性为 0.077），这表明在这个阶段，学生们的文学类文本理解能力没有明显的改善。整个阶段（后测－前测），学生的文学类文本理解能力显著上升（平均值差值为 1.351，显著性为 0.000），这说明尽管第二阶段的提升不显著，但整个阶段学生的文学类文本理解能力仍然取得了显著的进步。从表 3-24 的多变量检验结果来看，各检验的显著性值均为 0.000，偏 Eta 平方为 0.228，这进一步证实了时间因素对学生文学类文本理解能力的显著影响。

表3-22　时间因素对学生的文学类文本理解能力的影响

时间	平均值	标准误差	95%置信区间	
			下限	上限
前测	12.893	0.160	12.577	13.210
中测	14.648	0.202	14.249	15.048
后测	14.244	0.184	13.881	14.607

表3-23　时间因素对学生的文学类文本理解能力的影响成对比较

时间（I）	时间（J）	平均值差值（I-J）	标准误差	显著性	95%置信区间	
					下限	上限
前测	中测	-1.755*	0.252	0.000	-2.252	-1.259
	后测	-1.351*	0.223	0.000	-1.791	-0.911
中测	前测	1.755*	0.252	0.000	1.259	2.252
	后测	0.404	0.227	0.077	-0.044	0.852
后测	前测	1.351*	0.223	0.000	0.911	1.791
	中测	-0.404	0.227	0.077	-0.852	0.044

注："*"平均值差值的显著性水平为0.05。

表3-24　时间因素对学生的文学类文本理解能力的影响多变量检验

检验	值	F	假设自由度	误差自由度	显著性	偏Eta平方
比莱轨迹	0.228	27.736	2.000	188.000	0.000	0.228
威尔克Lamba	0.772	27.736	2.000	188.000	0.000	0.228
霍特林轨迹	0.295	27.736	2.000	188.000	0.000	0.228
罗伊最大根	0.295	27.736	2.000	188.000	0.000	0.228

（二）实验干预对学生文学类文本理解能力的影响

根据表3-25和表3-26的数据，我们可以看到，在实验干预下，学生文学类文本理解能力的平均值差异并不显著。实验组的平均值为14.000，而对照组的平均值为13.857。在成对比较中（表3-26），平均值差值为-0.143，显著性为0.563，95%置信区间

为 -0.630 至 0.344，这表明实验干预对学生文学类文本理解能力的影响并不显著。从表 3-27 的单变量检验结果中，我们可以看到 F 值为 0.336，显著性为 0.563，偏 Eta 平方为 0.002。这些数据进一步证实了实验干预对学生文学类文本理解能力的影响不显著。综上所述，这些分析结果与之前的结论相符，即在不考虑时间因素的情况下，单从实验干预结果来看，相对于对照组，实验组加入图像语言教学并没有明显提升学生对文学类文本的理解能力。

表 3-25　实验干预对学生文学类文本理解能力的影响

实验干预	平均值	标准误差	95% 置信区间	
			下限	上限
对照组	13.857	0.174	13.514	14.200
实验组	14.000	0.175	13.655	14.345

表 3-26　实验干预对学生文学类文本理解能力的影响成对比较

实验干预（I）	实验干预（J）	平均值差值（I-J）	标准误差	显著性 a	95% 置信区间 a	
					下限	上限
对照组	实验组	-0.143	0.247	0.563	-0.630	0.344
实验组	对照组	0.143	0.247	0.563	-0.344	0.630

a. 多重比较调节：最低显著差异法（相当于不进行调整）。

表 3-27　实验干预对学生的文学类文本理解能力的影响单变量检验

	平方和	自由度	均方	F	显著性	偏 Eta 平方
对比	0.992	1	0.992	0.336	0.563	0.002
误差	557.178	189	2.948	—	—	—

（三）基础成绩对学生文学类文本理解能力的影响

根据表 3-28 和表 3-29 的数据，可以看到，基础成绩对学生文学类文本理解能力的影响显著。对于低分组、中分组和高分组学生的文学类文本理解能力，平均值分别为 11.857、14.363 和 15.566。在表 3-29 的成对比较中，可以观察到以下显著性差异，中分组学生的文学类文本理解能力均值较低分组学生高出 2.506，显著性为 0.000（小于 0.05）；高分组学生的文学类文本理解能力均值较中分组学生高出 1.203，显著性为 0.000（小于 0.05）；高分组学生的文学类文本理解能力均值较低分组学生高出 3.709，显著性为 0.000（小于 0.05）。

这些结果表明，高分组学生的文学类文本理解能力最高，其次是中分组和低分组学生，且三组学生之间的差异显著。

从表 3-30 的单变量 F 检验结果中，可以看到 F 值为 78.220，显著性为 0.000，偏 Eta 平方为 0.453。这些数据进一步证实了基础成绩对学生文学类文本理解能力的影响显著。综上所述，这些分析结果与之前的结论相符，即中分组和高分组的学生文学类文本理解能力大于低分组学生的文学类文本理解能力，三组学生的文学类文本理解能力差异显著。

表 3-28　基础成绩对学生文学类文本理解能力的影响估算值

基础成绩	平均值	标准误差	95%置信区间	
			下限	上限
低分组	11.857	0.214	11.435	12.280
中分组	14.363	0.213	13.942	14.783
高分组	15.566	0.214	15.145	15.987

表 3-29　基础成绩对学生文学类文本理解能力的影响成对比较

基础成绩（I）	基础成绩（J）	平均值差值（I-J）	标准误差	显著性	95%置信区间	
					下限	上限
前测	中分组	-2.506*	0.302	0.000	-3.102	-1.910
	高分组	-3.709*	0.303	0.000	-4.306	-3.112
中测	低分组	2.506*	0.302	0.000	1.910	3.102
	高分组	-1.203*	0.302	0.000	-1.798	-0.608
后测	低分组	3.709*	0.303	0.000	3.112	4.306
	中分组	1.203*	0.302	0.000	0.608	1.798

注："*"平均值差值的显著性水平为 0.05。

表 3-30　基础成绩对学生文学类文本理解能力的影响单变量 F 检验

	平方和	自由度	均方	F	显著性	偏 Eta 平方
对比	461.189	2	230.595	78.220	0.000	0.453
误差	557.178	189	2.948	—	—	—

（四）时间因素、实验干预对学生文学类文本理解能力的影响

根据表 3-31 的数据，可以观察到实验干预和时间因素对学生文学类文本理解能力的交互作用。具体来说，在前测，实验组和对照组的文学类文本理解能力平均值分别为 12.770 和 13.017，二者的差异不大。这表明，在第一阶段，实验组和对照组的文学类文本理解能力上升速度基本一致。

然而，在中测，实验组的文学类文本理解能力平均值上升至 14.433，而对照组的平均值则上升至 14.864。这说明在第二阶段，实验组文学类文本理解能力有所提高，而对照组的能力则略有下降。

在后测，实验组文学类文本理解能力的平均值进一步上升至 14.798，而对照组的平均值则下降至 13.691。这一阶段的数据表明，随着时间的推移，实验干预对实验组文学类文本理解能力的提升效果变得更加明显，同时对照组的能力有所下降。

综上所述，分析结果显示，实验干预对于文学类文本理解能力的作用会随着时间而变化，即时间因素和实验干预因素对文学类文本理解能力存在交互作用。从变化趋势和幅度来看，在第一阶段，对照组文学类文本理解能力上升的速度与实验组的文学类文本理解能力上升速度基本一致。在第二阶段，实验组文学类文本理解能力上升，而对照组能力下降。在整个阶段，实验组的提升效果更加明显，而对照组的能力继续下降。

表 3－31　时间因素、实验干预对学生文学类文本理解能力影响的估算值

实验干预	时间	平均值	标准误差	95%置信区间	
				下限	上限
对照组	前测	13.017	0.226	12.571	13.463
	中测	14.864	0.286	14.301	15.427
	后测	13.691	0.260	13.178	14.203
实验组	前测	12.770	0.227	12.321	13.218
	中测	14.433	0.287	13.867	14.999
	后测	14.798	0.261	14.283	15.313

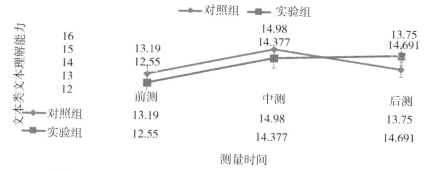

图 3－4　实验干预和时间因素对学生文学类文本理解能力的影响

（五）基础成绩、时间因素对学生文学类文本理解能力的影响

根据表 3－32 的数据，可以观察到基础成绩和时间因素对学生文学类文本理解能力的交互作用。具体来说，对于不同基础成绩的学生，文学类文本理解能力的变化趋势和幅度在不同时间节点上有所不同。

对于基础成绩为低分组的学生，前测的平均值 9.567 上升到后测的平均值 13.147，然后在后测略有下降至 12.857。这表明，对于低

分组学生,文学类文本理解能力在中测得到显著提升,但在后测略有下降。

对于基础成绩为中分组的学生,前测的平均值 13.359 上升到中测的平均值 15.276,然后在后测略有下降至 14.453。这说明,对于中分组学生,文学类文本理解能力在中测同样得到显著提升,但在后测略有降低。

对于基础成绩为高分组的学生,前测的平均值 15.754 略微下降到中测的平均值 15.522,然后在后测继续略微下降至 15.423。这表明,对于高分组学生,文学类文本理解能力在整个过程中波动不大,总体上呈现轻微下降趋势。

综上所述,分析结果显示,基础成绩对学生文学类文本理解能力的影响会随着时间而变化,即基础成绩和时间因素对学生文学类文本理解能力的影响存在交互作用。低分组和中分组学生在中测的文学类文本理解能力得到显著提升,但在后测略有下降;而高分组学生在整个过程中的文学类文本理解能力波动较小,呈现轻微下降趋势。

表 3 - 32　基础成绩、时间因素对学生文学类文本理解能力的影响估算值

基础成绩	时间	平均值	标准误差	95% 置信区间	
				下限	上限
低分组	前测	9.567	0.278	9.018	10.116
	中测	13.147	0.351	12.454	13.840
	后测	12.857	0.320	12.226	13.488
中分组	前测	13.359	0.277	12.813	13.906
	中测	15.276	0.350	14.586	15.966
	后测	14.453	0.318	13.825	15.081
高分组	前测	15.754	0.278	15.206	16.301
	中测	15.522	0.350	14.831	16.213
	后测	15.423	0.319	14.794	16.052

为了进一步分析不同基础成绩的学生其文学类文本理解能力随时间的变化情况,本研究首先根据基础成绩对学生进行分类(高分组、

中分组和低分组），然后采用配对样本 T 检验进行分析。

根据表 3 - 33 的数据，我们可以更详细地分析不同基础成绩学生文学类文本理解能力的变化情况。

在低分组学生中，第一阶段（中测 - 前测）文学类文本理解能力显著增加（Sig. = 0.000），而在第二阶段（后测 - 中测）并未发生显著变化。综合整个阶段（后测 - 前测），低分组学生的文学类文本理解能力仍有显著提升。

对于中分组学生，第一阶段文学类文本理解能力显著增加（Sig. = 0.000），但在第二阶段显著下降（Sig. = 0.032）。尽管如此，整体而言，中分组学生的文学类文本理解能力在两个阶段仍有显著增加（Sig. = 0.007）。

然而，高分组学生在第一阶段和第二阶段的文学类文本理解能力均未发生显著变化。综合两个阶段，高分组学生的文学类文本理解能力也没有显著变化。

综上所述，低分组学生的文学类文本理解能力在实验期间有显著提升，中分组学生经历了显著增加和显著下降的阶段，但总体上仍有显著提高。而高分组学生的文学类文本理解能力在实验期间并未发生显著变化。

表 3 - 33　不同基础成绩学生的文学类文本理解能力的配对样本 t 检验

基础成绩	配对		平均值	标准偏差	t	自由度	显著性
低分组	配对 1	中测 - 前测	3.666	4.177	7.076	64.000	0.000
	配对 2	后测 - 中测	-0.297	3.267	-0.733	64.000	0.466
	配对 3	后测 - 前测	3.369	3.526	7.704	64.000	0.000
中分组	配对 1	中测 - 前测	1.932	3.180	4.898	64.000	0.000
	配对 2	后测 - 中测	-0.848	3.122	-2.189	64.000	0.032
	配对 3	后测 - 前测	1.085	3.112	2.810	64.000	0.007
高分组	配对 1	中测 - 前测	-0.174	3.161	-0.443	64.000	0.659
	配对 2	后测 - 中测	-0.242	3.582	-0.544	64.000	0.589
	配对 3	后测 - 前测	-0.415	2.858	-1.172	64.000	0.246

（六）基础成绩、实验干预对学生文学类文本理解能力的影响

根据表 3-34 的数据，我们可以更全面地分析基础成绩和实验干预两者共同对学生文学类文本理解能力的影响。

在对照组中，随着基础成绩的降低（从高分组到低分组），学生的文学类文本理解能力呈现下降趋势。然而，在实验组中，虽然低分组和中分组学生文学类文本理解能力有所提高，但高分组学生文学类文本理解能力略有下降。

尽管实验干预对基础成绩较高的学生（低分组和中分组）的文学类文本理解能力有一定的正向影响，但总体来看，基础成绩和实验干预两者共同对学生文学类文本理解能力的影响并不显著。

这可能表明实验干预对于不同基础成绩的学生在文学类文本理解能力上的作用存在差异，对于基础成绩较高的学生（低分组和中分组）可能有较好的促进作用，但对于基础成绩最高的学生（高分组）则效果有限。

表 3-34　基础成绩、实验干预对学生文学类
文本理解能力的影响估算值

实验干预	基础成绩	平均值	标准误差	95% 置信区间	
				下限	上限
对照组	低分组	11.897	0.319	11.268	12.525
	中分组	14.122	0.294	13.541	14.702
	高分组	15.553	0.290	14.981	16.126
参照组	低分组	11.818	0.286	11.253	12.382
	中分组	14.604	0.308	13.996	15.213
	高分组	15.579	0.313	14.961	16.197

（七）时间因素、实验干预、基础成绩对学生文学类文本理解能力的影响

根据表 3 - 35 的数据，可以分析时间因素、实验干预和基础成绩对文学类文本理解能力的影响。首先，可以观察到实验干预对于高分组学生的影响较为明显。例如，在实验前测中，实验组的低分组学生的平均值为 9.014，而对照组为 10.121。在实验中测和实验后测中，实验组的低分组学生分别表现出 13.397 和 13.042 的平均值，均高于对照组的 12.897 和 12.672。

另外，针对中分组和高分组的学生，实验干预也产生了一定的影响。对于中分组学生，实验组在实验中测和实验后测中的平均值分别为 15.232 和 14.935，略高于对照组的 15.321 和 13.971。对于高分组学生，实验组在实验中测和实验后测中的平均值分别为 14.670 和 16.417，与对照组的 16.374 和 14.429 有一定差异。

总的来看，实验干预对于不同基础成绩学生的文学类文本理解能力的作用随着时间而变化，尤其对低分组学生的影响更为显著。因此，可以得出结论：时间因素、基础成绩和实验干预对文学类文本理解能力产生影响。

表 3 - 35　时间因素、实验干预、基础成绩对学生的
文学类文本理解能力的影响

实验干预	基础成绩	时间	平均值	标准误差	95% 置信区间	
					下限	上限
对照组	低分组	前测	10.121	0.414	9.304	10.938
		中测	12.897	0.523	11.865	13.929
		后测	12.672	0.476	11.734	13.611
	中分组	前测	13.074	0.383	12.319	13.828
		中测	15.321	0.483	14.368	16.274
		后测	13.971	0.440	13.104	14.838
	高分组	前测	15.857	0.377	15.113	16.601
		中测	16.374	0.476	15.435	17.314
		后测	14.429	0.433	13.574	15.283

续表 3-35

实验干预	基础成绩	时间	平均值	标准误差	95%置信区间	
					下限	上限
实验组	低分组	前测	9.014	0.372	8.280	9.747
		中测	13.397	0.470	12.471	14.323
		后测	13.042	0.427	12.199	13.884
	中分组	前测	13.645	0.401	12.855	14.436
		中测	15.232	0.506	14.234	16.230
		后测	14.935	0.460	14.028	15.843
	高分组	前测	15.650	0.407	14.847	16.453
		中测	14.670	0.514	13.655	15.685
		后测	16.417	0.468	15.494	17.340

下面，笔者将分别从高分组、中分组、低分组三个组别来分析时间因素、实验干预、基础成绩对学生的文学类文本理解能力的影响。

对于高分组学生，在第一阶段，对照组学生的文学类文本理解能力有小幅度提升，而实验组学生的文学类文本理解能力出现了下降；但在第二阶段，实验组的学生文学文本理解能力出现了显著提升，并超过对照组学生的文学类文本理解能力（见图 3-5）。

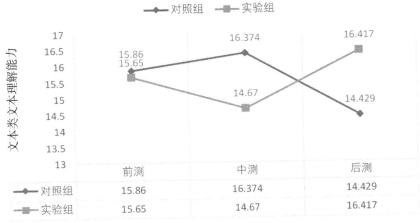

图 3-5 实验干预和时间对高分组学生文学类文本理解能力的影响

对于中分组学生，在第一阶段，实验组与对照组学生的文学类文本理解能力都有小幅度提升，且实验组学生的文学类文本理解能力提升幅度稍大；在第二阶段，实验组和对照组学生的文学类文本理解能力都出现了下降，但实验组学生的文学类文本理解能力下降幅度较小。（见图3－6）

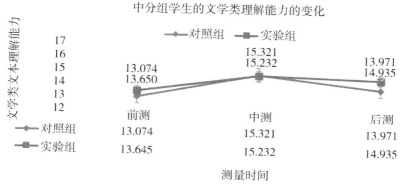

图3－6　实验干预和时间对中分组学生文学类文本理解能力的影响

对于低分组的学生，在第一阶段，实验组学生的文学类文本理解能力的提升幅度较对照组大；在第二阶段，实验组和对照组几乎保持同等程度的变化，说明第二阶段的影响并不显著（见图3－7）。

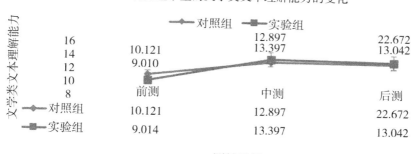

图3－7　实验干预和时间对低分组学生文学类文本理解能力的影响

三、实验干预对学生信息类文本理解能力的影响分析

为了分析图像语言教学实验干预是否影响学生的信息类文本理解能力，本研究对实验组和对照组分别进行了实验前测、实验中测、实验后测，并进行差异性分析。信息类文本理解能力的三因素重复测量方差分析如下：球形检验结果 $P = 0.191$，大于 0.05，数据满足球形假设，应以一元方差分析结果为准。

根据表 3 - 36 的数据分析，可以发现，时间因素、实验干预和基础成绩分别对学生的信息类文本理解能力产生显著影响。具体来说，时间因素对文本理解能力的影响显著，实验干预对文本理解能力的影响显著，基础成绩对文本理解能力的影响显著。值得注意的是，时间因素和基础成绩两者共同对学生的文本理解能力具有显著的交互作用。然而，时间因素与实验干预、实验干预与基础成绩的共同影响以及时间因素、实验干预、基础成绩对学生的文本理解能力的影响均未达到显著水平。下面，笔者将对上述结果一一展开分析。

表 3 - 36 时间因素、实验干预和基础成绩对学生信息类文本理解能力的影响

源	平方和	自由度	均方	F	显著性	是否显著
时间因素	1335.342	1.975	676.096	111.227	0.000	是
实验干预	79.151	1	79.151	6.780	0.010	是
基础成绩	1840.142	2	920.071	78.811	0.000	是
时间因素、实验干预	17.399	1.975	8.809	1.449	0.236	否
时间因素、基础成绩	162.047	3.950	41.023	6.749	0.000	是
实验干预、基础成绩	28.963	2	14.482	1.240	0.292	否

续表 3 – 36

源	平方和	自由度	均方	F	显著性	是否显著
时间因素、实验干预、基础成绩	10.587	3.950	2.680	0.441	0.777	否

（一）时间因素对学生信息类文本理解能力的影响

结合表 3 –37、表 3 –38 和表 3 –39 的数据，我们可以发现在不同时间点（实验前测、中测和后测）学生的信息类文本理解能力存在显著差异。具体来说，信息类文本理解能力在实验前测、中测和后测中呈现出逐步提升的趋势。从表 3 –37 中，我们可以看到实验前测的平均值为 9.835，实验中测的平均值为 11.393，实验后测的平均值为 13.533。这表明在整个实验过程中，学生的信息类文本理解能力有了明显的提升。

进一步分析表 3 –38 的成对比较数据，我们可以发现在实验前测到中测以及实验前测到后测的信息类文本理解能力都有显著提升，置信区间均不包含 0，显著性均为 0.000。同时，从中测到后测的信息类文本理解能力也有显著提升，显著性为 0.000。

表 3 –39 显示了时间因素对信息类文本理解能力影响的 F 检验结果。F 值为 120.824，显著性为 0.000，远小于 0.05，表明时间因素对学生的信息类文本理解能力具有显著影响。偏 Eta 平方为 0.562，表示时间因素对信息类文本理解能力的解释力达到 56.20%。

综上所述，分析结果表明信息类文本理解能力受到时间因素的显著影响，学生在实验前测、中测和后测中的信息类文本理解能力逐步提高。

表 3 - 37   时间因素对学生信息类文本理解能力的影响

时间	平均值	标准误差	95% 置信区间	
			下限	上限
前测	9.835	0.162	9.516	10.154
中测	11.393	0.237	10.925	11.861
后测	13.533	0.199	13.140	13.926

表 3 - 38   时间因素对学生信息类文本理解能力的影响成对比较

时间（I）	时间（J）	平均值差值（I-J）	标准误差	显著性	95% 置信区间 b	
					下限	上限
前测	中测	-1.558*	0.263	0.000	-2.076	-1.040
	后测	-3.698*	0.241	0.000	-4.173	-3.222
中测	前测	1.558*	0.263	0.000	1.040	2.076
	后测	-2.140*	0.243	0.000	-2.618	-1.661
后测	前测	3.698*	0.241	0.000	3.222	4.173
	中测	2.140*	0.243	0.000	1.661	2.618

注："*"平均值差值的显著性水平为 0.05。

表 3 - 39   时间因素对学生信息类文本理解能力影响的单变量 F 检验

	值	F	假设自由度	误差自由度	显著性	偏 Eta 平方
比莱轨迹	0.562	120.824	2.000	188.000	0.000	0.562
威尔克 Lambda	0.438	120.824	2.000	188.000	0.000	0.562
霍特林轨迹	1.285	120.824	2.000	188.000	0.000	0.562
罗伊最大根	1.285	120.824	2.000	188.000	0.000	0.562

（二）实验干预对学生信息类文本理解能力的影响

根据表 3 - 40、表 3 - 41 和表 3 - 42 的数据，我们可以发现实验干预因素对学生的信息类文本理解能力有显著影响。具体来说，相较于对照组，实验组在信息类文本理解能力上的提升更为明显。表 3 - 40

显示，对照组的信息类文本理解能力平均值为 11.218，而实验组的平均值为 11.956，实验组的平均值高于对照组。从表 3 – 41 的成对比较数据来看，实验组与对照组在信息类文本理解能力上存在显著差异，平均值差值为 0.738，显著性为 0.010，小于 0.05。这说明加入图像语言教学的实验组在提升信息类文本理解能力方面相对更为有效。最后，表 3 – 42 展示了实验干预对学生信息类文本理解能力影响的 F 检验结果。F 值为 6.780，显著性为 0.010，小于 0.05，说明实验干预因素对学生的信息类文本理解能力具有显著影响。偏 Eta 平方为 0.035，表示实验干预对信息类文本理解能力的解释力达到 3.50%。

综上所述，分析结果表明信息类文本理解能力受到实验干预因素的显著影响。相对于对照组，实验组通过加入图像语言教学在提升信息类文本理解能力方面取得了更为明显的成效。

表 3 – 40 实验干预对学生信息类文本理解能力的影响

实验干预	平均值	标准误差	95% 置信区间	
			下限	上限
对照组	11.218	0.200	10.824	11.613
实验组	11.956	0.201	11.560	12.353

表 3 – 41 实验干预对学生的信息类文本理解能力的影响成对比较

实验干预（I）	实验干预（J）	平均值差值（I-J）	标准误差	显著性 b	差值的 95% 置信区间 b	
					下限	上限
对照组	实验组	− 0.738*	0.283	0.010	− 1.297	− 0.179
实验组	对照组	0.738*	0.283	0.010	0.179	1.297

注："*" 平均值差值的显著性水平为 0.05。

表 3 – 42 实验干预对学生信息类文本理解能力影响的单变量 F 检验

	平方和	自由度	均方	F	显著性	偏 Eta 平方
对比	26.384	1	26.384	6.780	0.010	0.035
误差	735.486	189	3.891	—	—	—

（三） 基础成绩对学生信息类文本理解能力的影响

根据表3－43、表3－44和表3－45的数据，我们可以发现不同基础成绩的学生在信息类文本理解能力方面存在显著差异。具体来说，基础成绩越好的学生，其信息类文本理解能力也越强。从表3－44的成对比较数据中，我们可以看到低分组、中分组和高分组学生之间在信息类文本理解能力上的差异都是显著的。中分组学生的信息类文本理解能力均值比低分组学生的大2.720，显著性为0.000，小于0.05；高分组学生的信息类文本理解能力均值比中分组学生的大1.596，显著性为0.000，小于0.05；高分组学生的信息类文本理解能力均值比低分组学生的大4.316，显著性为0.000，小于0.05。最后，表3－45展示了基础成绩对学生信息类文本理解能力影响的 F 检验结果。F 值为78.811，显著性为0.000，远小于0.05，说明基础成绩对学生的信息类文本理解能力具有显著影响。偏 Eta 平方为0.455，表示基础成绩对信息类文本理解能力的解释力达到45.50%。

综上所述，分析结果表明不同基础成绩的学生在信息类文本理解能力方面存在显著差异，基础成绩越好的学生，其信息类文本理解能力也越强。

表3－43　基础成绩对学生信息类文本理解能力的影响

基础成绩	平均值	标准误差	95% 置信区间	
			下限	上限
低分组	9.242	0.246	8.756	9.727
中分组	11.962	0.245	11.479	12.445
高分组	13.558	0.245	13.074	14.042

表 3-44 基础成绩对学生中分组信息类文本理解能力影响成对比较

基础成绩（I）	基础成绩（J）	平均值差值（I-J）	标准误差	显著性 b	95%置信区间	
					下限	上限
低分组	中分组	-2.720*	0.347	0.000	-3.405	-2.035
	高分组	-4.316*	0.348	0.000	-5.001	-3.630
中分组	低分组	2.720*	0.347	0.000	2.035	3.405
	高分组	-1.596*	0.347	0.000	-2.280	-0.912
高分组	低分组	4.316*	0.348	0.000	3.630	5.001
	中分组	1.596*	0.347	0.000	0.912	2.280

注："*"平均值差值的显著性水平为0.05。

表 3-45 基础成绩对学生信息类文本理解能力影响的单变量检验

	平方和	自由度	均方	F	显著性	偏 Eta 平方
对比	613.381	2	306.690	78.811	0.000	0.455
误差	735.486	189	3.891	—	—	—

（四）时间因素、实验干预对学生信息类文本理解能力的影响

根据表 3-46 的数据，我们可以分析时间因素和实验干预对信息类文本理解能力的交互作用。表格显示了对照组和实验组在不同时间节点下的信息类文本理解能力平均值及 95% 置信区间。从表中，我们可以看到在不同时间节点下，实验组和对照组的信息类文本理解能力均值都呈现逐渐上升的趋势。这意味着干预因素对信息类文本理解能力的作用并不会随着时间而发生明显变化。即便在不同时间节点下，实验组和对照组的信息类文本理解能力平均值存在差异，但这些差异并不意味着实验干预的效果受到时间影响。

表 3-46　时间因素、实验干预对学生信息类文本理解能力的影响

实验干预	时间	平均值	标准误差	95% 置信区间	
				下限	上限
对照组	前测	9.656	0.228	9.206	10.106
	中测	10.796	0.335	10.135	11.456
	后测	13.203	0.281	12.648	13.758
实验组	前测	10.014	0.229	9.562	10.467
	中测	11.991	0.336	11.328	12.654
	后测	13.863	0.283	13.305	14.421

（五）时间因素、基础成绩对学生信息类文本理解能力的影响

根据表 3-47 的数据，我们可以分析时间因素和基础成绩对信息类文本理解能力的交互作用。表格显示了低分组、中分组和高分组在不同时间节点下的信息类文本理解能力平均值及 95% 置信区间。从表 3-47 中，我们可以观察到在不同时间节点下，三个基础成绩组的信息类文本理解能力均值都呈现上升趋势。此外，在同一时间节点下，基础成绩越高的学生，其信息类文本理解能力也越强。结合前面的文字描述，分析结果显示时间因素和基础成绩对信息类文本理解能力的交互作用显著。这意味着基础成绩对信息类文本理解能力的作用会随着时间而发生变化。具体来说，随着时间的推移，不同基础成绩组的学生在信息类文本理解能力上的差距逐渐扩大。例如，在前测中，低分组和高分组的平均值差距为 6.115（12.771 - 6.656），而在后测中，这个差距扩大到 3.210（14.938 - 11.728），说明基础成绩对信息类文本理解能力的影响随着时间的推移变得更加明显。

表 3-47 时间因素、基础成绩对学生信息类文本理解能力的影响

基础成绩	时间	平均值	标准误差	95%置信区间	
				下限	上限
低分组	前测	6.656	0.281	6.102	7.210
	中测	9.342	0.412	8.529	10.155
	后测	11.728	0.346	11.045	12.411
中分组	前测	10.079	0.280	9.527	10.630
	中测	11.874	0.410	11.065	12.683
	后测	13.933	0.345	13.253	14.613
高分组	前测	12.771	0.280	12.218	13.324
	中测	12.964	0.411	12.154	13.775
	后测	14.938	0.345	14.257	15.619

为了进一步分析不同基础成绩的学生信息类文本理解能力随时间推移的变化情况，本研究首先根据基础成绩对学生进行分类（高分组、中分组和低分组），然后采用配对样本 t 检验进行分析。

根据表 3-48 的数据，我们可以分析不同基础成绩学生信息类文本理解能力的配对样本 t 检验。表格显示了低分组、中分组和高分组在不同阶段的信息类文本理解能力变化情况。低分组学生的信息类文本理解能力在第一阶段（中测-前测）和第二阶段（后测-中测）都显著增加，如 Sig. 值分别为 0.000 和 0.000，均小于 0.05。这意味着低分组学生的信息类文本理解能力随着时间的变化有显著的提升。

中分组学生的信息类文本理解能力在第一阶段和第二阶段也都显著增加，Sig. 值分别为 0.000 和 0.000，均小于 0.05。这表明中分组学生的信息类文本理解能力同样随时间的推移有显著的提高。

高分组学生的信息类文本理解能力在第一阶段增加不显著（Sig. 值为 0.707，大于 0.05），但在第二阶段增加显著（Sig. 值为 0.000，小于 0.05）。整个阶段（后测-前测）高分组学生的文本理解能力增加显著（Sig. 值为 0.000，小于 0.05）。

根据以上分析，结论显示对于不同基础成绩的学生，其信息类文本理解能力都随时间的变化存在差异。尤其是对于低分组和中分组的

学生，在两个阶段都有显著的提升，而高分组学生在第一阶段的提升不显著，但在第二阶段和第一阶段＋第二阶段均有显著的提升。

表3-48　不同基础成绩学生信息类文本理解能力的配对样本 t 检验

基础成绩	配对		平均值	标准偏差	t	自由度	显著性
低分组	配对 1	中测 － 前测	2.715	3.803	5.757	64	0.000
	配对 2	后测 － 中测	2.392	3.453	5.585	64	0.000
	配对 3	后测 － 前测	5.108	4.132	9.966	64	0.000
中分组	配对 1	中测 － 前测	1.769	3.708	3.847	64	0.000
	配对 2	后测 － 中测	2.069	3.618	4.611	64	0.000
	配对 3	后测 － 前测	3.839	2.912	10.629	64	0.000
高分组	配对 1	中测 － 前测	0.166	3.434	0.377	64	0.707
	配对 2	后测 － 中测	2.023	3.024	5.394	64	0.000
	配对 3	后测 － 前测	2.184	2.822	6.240	64	0.000

（六）基础成绩、实验干预对学生信息类文本理解能力的影响

根据表3-49的数据，我们可以分析实验干预和基础成绩对学生信息类文本理解能力的影响。表格展示了在不同实验干预和基础成绩组下学生的信息类文本理解能力平均值及95%置信区间。可以发现，实验干预和基础成绩共同对学生信息类文本理解能力的影响不显著。在相同基础成绩下，实验组和对照组的学生信息类文本理解能力平均值相近，例如低分组的实验组平均值为9.495，而对照组的平均值为8.989。同样的现象可以在中分组和高分组中观察到。

数据表明，在这项研究中，不同基础成绩和实验干预的学生其信

息类文本理解能力不存在显著差异。换句话说，实验干预对于学生信息类文本理解能力的提升并没有产生显著的效果，学生的基础成绩也没有影响实验干预对信息类文本理解能力的效果。

表3-49　基础成绩、实验干预对学生信息类文本理解能力的影响

实验干预	基础成绩	平均值	标准误差	95%置信区间	
				下限	上限
对照组	低分组	8.989	0.366	8.266	9.711
	中分组	11.789	0.338	11.122	12.457
	高分组	12.877	0.333	12.219	13.534
实验组	低分组	9.495	0.329	8.847	10.144
	中分组	12.134	0.354	11.436	12.833
	高分组	14.239	0.360	13.528	14.949

（七）时间因素、实验干预、基础成绩对学生信息类文本理解能力的影响

在分析表3-50的数据时，我们可以更详细地比较实验组和对照组在不同时间点和基础成绩下的信息类文本理解能力平均值。例如，在中测阶段，低分组实验组的平均值为9.667，而对照组的平均值为9.017。这说明实验干预在一定程度上对低分组学生的中测表现产生了积极影响。然而，在后测阶段，低分组实验组的平均值为12.111，而对照组的平均值为11.345，这表明实验干预对低分组学生的后测表现的影响相对较小。

对于中分组学生，我们可以观察到在前测阶段，实验组的平均值为9.952，而对照组的平均值为10.206。在中测阶段，实验组的平均值为12.306，对照组的平均值为11.441。这表明实验干预在中测阶段对中分组学生产生了一定的积极效果。然而，在后测阶段，实验组的平均值为14.145，而对照组的平均值为13.721，这说明实验干预对中分组学生的后测表现的影响有限。

在高分组学生中，前测阶段实验组的平均值为13.383，对照组的平均值为12.159。在中测阶段，实验组的平均值为14.000，而对

照组的平均值为 11.929。这些数据表明实验干预对高分组学生在前测和中测阶段产生了一定的积极效果。然而，在后测阶段，实验组的平均值为 15.333，对照组的平均值为 14.543，这说明实验干预对高分组学生的后测表现的影响较小。

通过更详细地比较实验组和对照组的数据，我们可以发现实验干预对不同基础成绩学生的信息类文本理解能力的影响差异较小。虽然在某些阶段和基础成绩组中，实验干预对学生表现产生了积极影响，但在整个实验过程中，这种影响并不显著。因此，我们可以得出结论：时间因素、实验干预、基础成绩对学生信息类文本理解能力的影响不显著。

表 3-50　时间因素、实验干预、基础成绩对学生信息类文本理解能力的影响

实验干预	基础成绩	时间	平均值	标准误差	95% 置信区间	
					下限	上限
对照组	低分组	前测	6.603	0.418	5.779	7.428
		中测	9.017	0.613	7.808	10.227
		后测	11.345	0.516	10.328	12.362
	中分组	前测	10.206	0.386	9.444	10.968
		中测	11.441	0.566	10.324	12.558
		后测	13.721	0.476	12.781	14.660
	高分组	前测	12.159	0.381	11.408	12.909
		中测	11.929	0.558	10.828	13.030
		后测	14.543	0.469	13.617	15.469
实验组	低分组	前测	6.708	0.375	5.968	7.449
		中测	9.667	0.550	8.581	10.752
		后测	12.111	0.463	11.198	13.024
	中分组	前测	9.952	0.404	9.154	10.749
		中测	12.306	0.593	11.137	13.476
		后测	14.145	0.499	13.162	15.129
	高分组	前测	13.383	0.411	12.572	14.194
		中测	14.000	0.603	12.811	15.189
		后测	15.333	0.507	14.334	16.333

接下来，笔者重点分析在时间因素和实验干预因素下，不同基础成绩学生（高分组、中分组、低分组）的信息类文本理解能力变化情况。通过上述分析和图 3－8、图 3－9、图 3－10 可以看到，不同基础成绩的学生，其信息类文本理解能力存在差异性。也就是说基础成绩越好的学生，其信息类文本理解能力提升越快。时间和基础成绩的交互项以及时间、基础成绩和实验干预的交互项对学生的信息类文本理解能力的影响均不显著，即不存在交互作用。

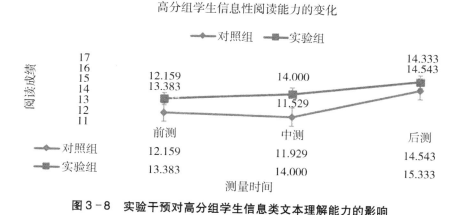

图 3－8　实验干预对高分组学生信息类文本理解能力的影响

针对不同基础成绩的学生，其信息类文本理解能力的变化情况也存在不同。对于高分组的学生，虽然在第一阶段实验组学生的信息类文本理解能力提升比对照组的要快，但是在第二阶段，实验组学生的信息类文本理解能力反而没有对照组提升的幅度大。总体来说，在实验前测和实验后测中，实验组的文本理解能力与对照组存在一定的差异。

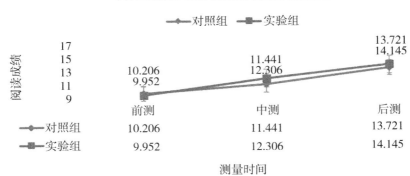

图3-9　实验干预对中分组学生信息类文本理解能力的影响

对于中分组的学生，虽然在第一阶段和第二阶段，实验组学生的信息类文本理解能力与对照组存在一定差异，但是差异不大，在整个阶段（第一阶段＋第二阶段）实验组学生的信息类文本理解能力的变化与对照组几乎没有差异。

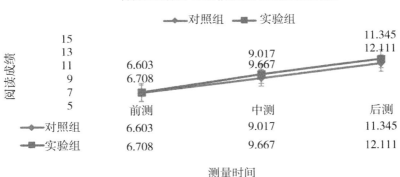

图3-10　实验干预对低分组学生信息类文本理解能力的影响

对于低分组的学生，在第一阶段和第二阶段，实验组学生的信息类文本理解能力与对照组学生的信息类文本理解能力变化几乎没有差异，即图像语言教学干预对低分组的学生的信息类文本理解能力影响不显著。

第三节　学生对图像语言知识的了解情况——基于问卷调查数据的分析

一、学习图像语言知识之前

为了测量在学习图像语言知识之前学生对图像语言相关内容的了解情况，我们通过问卷调查和分析（见表3-51）发现，平均得分最高的为学生"对图像背后的深层含义理解比较困难"（M = 3.80，Std = 1.178），其次依次为"在之前的阅读课程中，教师很少对课本中或者阅读材料中的插图进行解读"（M = 3.74，Std = 1.660）、"在学习图像语言知识之前，我阅读时没有分析插图的习惯"（M = 3.64，Std = 1.437）、"在学习图像语言知识之前，我不太能将图像和文字结合起来看"（M = 3.52，Std = 1.355）、"在学习图像语言知识之前，我不太关注文中的插图"（M = 3.13，Std = 1.196）、"在学习图像语言知识之前，我对阅读课程不太感兴趣"（M = 3.12，Std = 1.235），这些题项的均值都 >3（"3"表示中立），标准差都 >1（标准差可以衡量学生对同一题项的回答差异性）。这说明在没有进行实验干预之前，学生对图像语言相关内容的了解较少，同时学生之间对图像语言相关内容的了解程度差异较大。调查还发现，在之前的阅读课程中，教师很少对课本中或者阅读材料中的插图进行解读，这一比重超过了50%。这说明，教师在阅读课程中对课本或者阅读材料中插图的忽视，很可能是影响学生对图像阅读理解的原因之一。

表 3-51 实验干预之前学生对图像语言相关内容的了解情况 （N=97）

题项	均值	标准差
1. 在学习图像语言知识之前，我对图像背后的深层含义理解比较困难	3.80	1.178
2. 在学习图像语言知识之前，我不太关注文中的插图	3.13	1.196
3. 在学习图像语言知识之前，我不太能将图像和文字结合起来看	3.52	1.355
4. 在学习图像语言知识之前，我阅读时没有分析插图的习惯	3.64	1.437
5. 在学习图像语言知识之前，我对阅读课程不太感兴趣	3.12	1.235
6. 在之前的阅读课程中，教师很少对课本中或者阅读材料中的插图进行解读	3.74	1.660

注：各题项打分为 1～5 分，分数越大表示学生越同意题中陈述内容。

二、学习图像语言知识之后

通过对学生在学习图像语言知识前后的阅读习惯进行调查发现（见表 3-52），在学习图像语言知识之前，以先看文字再看图片的方式进行阅读的学生最多，而有选择性地（挑选感兴趣的图文）阅读的学生人数排第二，通过先看图片再看文字的方式进行阅读的学生人数排第三。但在学习图像语言知识之后，有选择性地（挑选感兴趣的图文）阅读的学生人数下降明显，并且在阅读中关注图片的学生人数增加。这说明学生在学习图像语言知识之后会增加对图片的关注度。

表 3-52 实验干预之后学生对阅读相关内容的了解情况 （N=97）

题项	均值	标准差
1. 在学习图像语言知识之后，我对图像背后的深层含义理解比较容易	4.62	0.636
2. 在学习图像语言知识之后，我会关注文中的插图	4.64	0.581

续表 3-52

题项	均值	标准差
3. 在学习图像语言知识之后，我能够将图像和文字结合起来	4.57	0.644
4. 在学习图像语言知识之后，我在阅读时会有分析插图的习惯	4.39	0.836
5. 在学习图像语言知识之后，我对阅读课程的兴趣提升了	4.61	0.730
6. 在之后的阅读课程中，教师加强了对课本中或者阅读材料中的插图的解读	4.20	0.702
7. 我很喜欢这学期的语文课外阅读材料（图画书）	4.75	0.541
8. 我会使用图像语言的视角来分析图画书	4.49	0.723
9. 我比较喜欢教师在阅读课上跟大家一起欣赏解析书上的插图	4.55	0.736
10. 如果学校单独开设一门图像语言教学课程，我愿意参加该课程	4.44	0.736
11. 学习完图像语言之后，图像语言知识能帮助我理解文字内容	4.66	0.610
12. 学习图像语言之后，我的语文阅读能力有了很大的提升	4.46	0.867
13. 在进行语文阅读时，我会比较关注封面、环衬、书名页、跨页、边框、位置	4.38	0.906
14. 在进行语文阅读时，我会比较关注时间、视角、物件、翻页	4.34	0.802
15. 在进行语文阅读时，我会比较关注图文之间的关系	4.33	0.813

注：各题项打分为 1～5 分，分数越大表示学生越同意题中陈述内容。

为了测量学生在学习图像语言知识之后对图像语言相关内容的了解情况，我们通过问卷调查（见表 3-53）发现，得分较高的题项为"我会更注意图像和文字"（M=4.55，Std=0.791），其次依次为"我的语文阅读能力提升了"（M=4.52，Std=0.765）、"我常常会深入思考图像的构思逻辑和想表达的内涵"（M=4.45，Std=0.842）、"我能够较快地理解图片内容"（M=4.45，Std=0.693）、"我会思考图像和文字间的逻辑关系和布局"（M=4.38，Std=0.929）、"我会不自主地设想：如果是我，我会怎么设计图画书"（M＝4.30，Std＝0.948）。这些题项的均值都＞4（"4"表示同意），标准差都＜1（标准差可以衡量学生对同一题项的回答差异性）。这说明学生在接受实验干预之后对图像语言的了解有了大幅增加，并且，学生之间对图像语言相关内容的了解程度差异缩小了。调查还发现，在学习图像语言知识之后，语文阅读能力得到提升的学生人数比重超过90.7%。这说明，学习图像语言知识可能是提升学生的图像阅读能力及其语文阅读能力的原因之一。

表3-53　实验干预之后学生对图像语言相关内容的了解情况（N＝97）

题项	均值	标准差
1. 学习图像语言知识之后，我常常会深入思考图像的构思逻辑和想表达的内涵	4.45	0.842
2. 学习图像语言知识之后，我会不自主地设想：如果是我，我会怎么设计图画书	4.30	0.948
3. 学习图像语言知识之后，我会思考图像和文字之间的逻辑关系和布局	4.38	0.929
4. 学习图像语言知识之后，我会更注意图像和文字	4.55	0.791
5. 学习图像语言知识之后，我能够较快地理解图片内容	4.45	0.693
6. 学习图像语言知识之后，我的语文阅读能力提升了	4.52	0.765

注：各题项打分为1～5分，分数越大表示学生越同意题中陈述内容。

本研究采用配对样本t检验对比分析了在实验干预进行前后学生对图像语言相关内容了解情况的差异性（见表3-54）。

结果（见表3-55）显示，在实验干预进行前后，学生在"对图像和文字的关注度""对图像的构思逻辑和内涵理解""对图片内容的理解""图像和文字之间的逻辑关系和布局思考"等方面均存在差异性，并且从均值的比较来看，其能力都得到了提升。

表 3 - 54　实验干预进行前后对图像语言相关内容了解情况的差异性

题目		均值	N	标准差	均值的标准误
对 1	Q5.1	3.80	97	1.178	0.120
	Q6.1	4.62	97	0.636	0.065
对 2	Q5.2	3.13	97	1.196	0.121
	Q6.2	4.64	97	0.581	0.059
对 3	Q5.3	3.52	97	1.355	0.138
	Q6.3	4.57	97	0.644	0.065
对 4	Q5.4	3.64	97	1.437	0.146
	Q6.4	4.39	97	0.836	0.085
对 5	Q5.5	3.12	97	1.235	0.125
	Q6.5	4.61	97	0.730	0.074

表 3 - 55　实验干预进行前后学生对图像语言相关内容了解情况的成对样本检验

题目		成对差分					t	df	显著性（双侧）
		均值	标准差	均值的标准误差	95% 置信区间				
					下限	上限			
对 1	Q5.1 - Q6.1	-0.814	1.112	0.113	-1.039	-0.590	-7.215	96	0.000
对 2	Q5.2 - Q6.2	-1.505	1.268	0.129	-1.761	-1.250	-11.695	96	0.000
对 3	Q5.3 - Q6.3	-1.052	1.509	0.153	-1.356	-0.747	-6.861	96	0.000
对 4	Q5.4 - Q6.4	-0.753	1.315	0.134	-1.018	-0.488	-5.636	96	0.000
对 5	Q5.5 - Q6.5	-1.485	1.515	0.154	-1.790	-1.179	-9.653	96	0.000

第四节　师生对图像语言教学的意见
——基于师生访谈结果分析

在研究结束时，笔者分别与参加实验的学生和教师进行面谈，以了解他们对图像语言教学的意见与感受。访谈大纲见"附录"。

一、学生访谈

由于访谈人数不宜过多，因此，每个班级只抽选 10 人，约占全体学生的 20%。受访学生的选择是以有代表性为准则，即分别是在阅读能力测验中得分最高、中等及最低的学生，以及在前、中、后测差异（进步或退步）较大的学生。

（一）对学习图像语言课程的感受

首先，我们希望了解学生对学习图像语言课程的意见。通过访谈，我们了解到实验班级的学生很清楚这个学期的语文阅读课有一个重点，就是通过关注图像，辅助文字阅读。主要原因在于：一方面，实验组教师不断提醒学生要重点关注图像元素及其叙事方法，从而回扣文字，直接提取信息、直接推论、整合观点与信息，以及评价文本内容阅读四大能力；另一方面，学生每周有三次机会见到笔者（两次是到校观课，还有一次是由笔者任教图像语言基础知识课），因此，实验组学生很清楚此次学习图像语言课的教学目的。所有受访学生都表示很喜欢上述两节图像语言课程，并表示该课程对提升自己的阅读能力有所帮助。

其次，关于访谈结果的具体分析。受访学生无论成绩情况如何，在回答"你喜欢这一学期教师上的阅读课吗"这一问题时都表达了不同程度的喜悦情感。因而我们可以坦言，将图像语言融入阅读教学，的确可以在很大程度上激发学生阅读的兴趣和参与阅读学习积极性。由于实验干预过程本身具有强烈的仪式感，加上实验组教师不断地施以行为强调和语言强调，因而所有受访学生在回答"这一学期的阅读课和以前有什么不一样吗"的问题时，都能够准确地说出教学方法和内容的变化；同时，成绩优秀的学生相对于成绩后进的学生，所谈到的阅读课变化内容更为具体，并能够列举实例。

与以上两个问题相同，受访学生在回答问题3、问题4、问题5和问题6时，也都表现出非常一致的态度。在回答"书中如果有文字也有插图，你会先从哪个开始阅读"时，受访学生均表示会先阅读插图。在回答"你以前在阅读时会关注书上的插图或者图片吗"这一问题时，受访学生都表示出了会翻看书上的插图或图片，但不会过多留意其中的细节，更不可能专门分析图像语言的意义。在回答"以前教师上阅读课时是否有对课本或者阅读材料中的插图进行解读呢"这一问题时，受访学生均给予了否定。而在被问到"你喜欢老师在阅读课上跟大家一起欣赏解析书上的图画吗"这一问题时，受访学生也均给予了肯定。

前6道访谈问题在所有受访学生那里都得到了趋于一致性的回答，而通过接下来的四个问题，我们将看到其访谈结果与学生的成绩具有显著关联性。

成绩优秀的学生在谈到学习图像语言课程时，能够清晰地说明该课程对他们在阅读方面的帮助，知晓 PIRLS 阅读四大能力与图像语言的结合点。例如，提取明确陈述信息时应采取快速定位的策略，与图像语言的结合点是定位图像元素中的颜色、线条代表或隐含的一些特定信息，以及叙事策略中关于时间线索、视角变化能突出观点和主旨的问题；又如，直接推论时应采用联想推理策略，与图像语言的结合点是抓住图文互补或图文背离关系中彼此关联或相互矛盾的问题；等等。接受访谈的几位成绩优秀的学生能够回顾细数出大部分图像语言课程对他们阅读文本时所起到的影响。

具体地看，学生 A 在回答问题7，即"学习图像语言知识后，你在观看图画或者图片时和以前有什么不同？是否能够捕捉到更多的细节呢"时，能够准确地说出图像语言中的元素和叙事方法，并能够以课堂教学内容作为案例加以阐释。学生 B 在回答这一问题时，能够结合课本插图与教学材料准确地说出颜色、线条等图像元素传递的信息。在回答"学习图像语言知识后，你觉得能否辅助你解决在阅读时遇到不理解文字表达的困难？"的问题时，成绩优秀的学生都给出了肯定的回答，在展开说明的过程中，也都举出了相应的例子。特别是学生 A，除了能以课堂教学中提到的内容为例，还可以举出日常阅读中的实际案例。在对问题 9 "学习图像语言知识后，你是否觉得阅读也是一件有趣的事？"的回答中，虽然成绩优秀的学生都认为阅读是一件有趣的事，但我们在详细访问中发现，他们在学习图像语言之前，就已经对阅读比较感兴趣。这可能与他们从中获得知识或荣誉感有关。第 10 个问题是："学习图像语言知识后，当你在学习场景或者生活场景中看到有图画有文字的阅读材料或者广告牌、电影等时，是否比之前的理解更为深刻呢？能否举个例子。"对此，成绩优秀的学生依然都给出了肯定的回答。但在举例环节中，学生 B 并没有举出生活中的例子。这可能与受访状态有关。总的来看，学习图像语言知识后，成绩优秀的学生掌握了一部分基础理论和分析方法，并能将其应用于测验和生活。

　　成绩中等的学生在访谈中表示图像语言课程很有趣味性，在谈到该课程对自己阅读时是否有帮助时，他们谈论的内容虽不如成绩优秀的学生那么详尽，但也能够举出一些自己在图像语言课程中记忆深刻的案例。例如，"学习图像语言知识后，观看图片时能够捕捉到更多细节"；"看到文中出现关于颜色的描写，会不自觉地联想背后隐含的意义"；"看到特殊的物件会想象它预示并贯穿着故事的线索"；等等，并表示这是在学习图像语言课程前从未关注到的方法。

　　由此我们可以看出，图像语言教学对不同水平成绩的学生的影响的确有所不同。回答差异比较大的是问题 7 和问题 9。在回答问题 7 时，虽然成绩中等的学生也给出同样的肯定回答，但他们对相关知识的理解深度和方法运用则弱于成绩优秀的学生。在问题 9 的回答中，学习图像语言课程较为明显地激发了成绩中等的学生对于阅读的兴趣；但对成绩优秀的学生影响并不大。在回答问题 10 的时候，在成绩中等的受访学生中，除学生 E 外，其他受访学生在说明课堂教学内容以外的例证时，虽然提到了广告牌等图像内容，但没有给出具体分析。这一结果虽然与访谈时的个人状态如受访学生的自信程度、表达能力等相关，但从总体来看，成绩中等的学生对图像语言的迁移和运用能力相对较弱。

成绩靠后的学生在接受访谈时，表达了自己对图像语言课程的喜爱，且有学生反复提到自己原来在阅读时最大的障碍是对全文线索的串联和文章主旨理解的困难。在学习图像语言课程的叙事策略后，他们能够通过抓住特殊颜色、物件、不同视角去寻找事物或人物之间的关系，从而学会推论整部作品的基调及文章的内涵。同时，他们中有人提出，虽然较之文学类文本的阅读相比，感觉自己有所进步，但是对信息类文本的理解仍然感觉比较困难。

另外一个较为重要的现象是，根据对访谈内容的分析，成绩靠后的学生在学习图像语言课程后，虽然阅读兴趣的提升强弱不一，但总体上强于成绩优秀的学生，弱于成绩中等的学生。且在对待阅读课程的态度上尤为明显。在访谈结果和测试结果的综合对比中，可以得出成绩靠后的学生在学习图像语言课程后，其阅读能力的提升强于成绩中等的学生，弱于成绩优秀的学生。

以上接受访谈的学生都明确表示，学习图像语言课程后，自己无论在学习场景还是在生活场景中，无论遇到有图画有文字的阅读材料还是广告牌或者电影场景，都会联想到自己所学习过的图像元素或者图像的叙事策略，认为自己在阅读这些材料时视角比以前更加多元，也更有深度。

（二）对日后学习图像语言课程的态度

受访学生均表示非常愿意在下一个学期继续学习图像语言课程，甚至有个别学生提出，这一学期教师都是用图画书作为载体进行图像语言的教学，希望以后教师能够尝试用电影片段进行教学，教授他们如何运用图像语言的叙事策略对电影进行赏析。

二、教师访谈

（一）对学习图像语言课程的感受

1. 对图像语言课程的态度转变

受访教师（两名实验组教师）在访谈中提到，自己在实验前对图像语言基本没有了解，也不认为图像阅读是衡量学生阅读能力的其中一项评价指标，尽管在教学实验前的语文阅读课堂中会对教材中的插图进行解读与教学，但仍然停留在浅层、表面的以自我理解为主的分析上。他们虽然都认为图像语言能够提高学生的理解能力，也并不否认图像语言能够辅助学生进行阅读从而提升文本阅读能力，但仍然对图像语言的概念感到模糊并表示对如何运用图像语言系统进行授课感到迷茫。进行实验后，他们的态度及看法产生了变化。首先是在笔者的协助下，他们学习了图像语言的基本理论知识，并且使用笔者所提供的图画书中的图像语言框架，以图像元素、书籍设计和叙事方法这几个方面作为支点展开教学。在访谈中，他们着重提到在文学类文本图像语言的图像元素中，关于物件和颜色的关键信息明显能够辅助学生进行线索的推理，使他们能够更深层次地挖掘出文本的内涵。而这正符合了 PIRLS 所要考察的提取明确陈述的信息、直接推论以及整合观点与信息这三大能力。

2. 阅读教学理念和方法的转变

在访谈中，受访教师提到，在实验前的阅读教学更多是对具体教学策略的研究，而较少在 PILRS 主要提及的学生获取信息、解释文本、反思与评价这几大能力的高度去统领阅读课程的教学及设计，也未思考图像阅读对于小学中、高年级学生的重要性。在实验干预后，受访教师提到，他们最大的思想转变除了能够从 PIRLS 对学生考察的阅读四大能力的角度出发去设计阅读教学课程，还意识到选取一些信息量丰富的图像载体或运用课文插图进行辅助教学的重要性，并认为该途径能够提升学生非线性思维、逻辑思维和推理能力，从而提高学生的阅读理解能力。在阅读教学的方法上，受访教师提到，他们在进行图像语言课程干预后，会有意识地在阅读课中实行"先图后文，图文结合"的教学策略，并会重点引导学生在图像语言和文字语言之间进行"观察—感受—想象—推理"的相互切换，从更加多元的视角对一个问题进行解读。

（二）对日后学习图像语言课程的态度

受访教师对实验结束后继续推行图像语言课程都表示出较为积极的态度，其中一位教师认为，语文教学最重要的是授予学生一生受用的能力，即阅读力、思考力及表达力。他们都认为，该课程能使学生思考问题的方式更加灵活全面，能够作为辅助桥梁鼓励学生进行表达，因此，他们都非常愿意在语文阅读课程中继续渗透对图像语言的教学。同时，受访教师也提出了一些建议：首先，教师本身对图像语言系统的基础知识储备还不够，自身的视觉素养水平仍未达到一定的高度，希望能够多接受相关课程的培训，同时希望加强与美术学科的融合以及与美术教师的沟通，在学科上相互配合，相辅相成，以共同提高学生的视觉素养与阅读素养；其次，教师希望学校能够多提供一些丰富的教学资源储备，如图画书、图像的资料库等。

第五节　研究结果讨论

本章主要针对图像语言在阅读教学中的实证研究结论进行探讨。由于本研究主要探索图像语言教学对学生语文阅读能力的影响，同时考察时间因素、基础成绩对上述关系的影响，因此，本章对每个假设按照时间因素、实验干预、基础成绩单因素，时间因素、实验干预两因素交互项，时间因素、基础成绩两因素交互项，基础成绩、实验干预两因素交互项，以及时间因素、实验干预、基础成绩三因素交互项等影响因素，分别分析它们对文本理解能力（文学类文本理解能力、信息类文本理解能力）等方面的影响。以下将根据实验数据的分析结果，分别针对本研究的假设，进行总结与分析。

一、文本理解能力的影响因素分析和讨论

（一）时间因素、实验干预和基础成绩单因素的影响机制分析

1. 时间因素对学生文本理解能力的影响机制

分析结果显示，学生的文本理解能力随时间的变化而变化，学生在实验前测、中测和后测的文本理解能力存在差异；在实验第一阶段和第二阶段，学生的文本理解能力都有显著的增加，并且第一阶段文本理解能力的增加幅度相对较大。

从时间因素来看，学生的文本理解能力总体保持上升的趋势。文本的阅读包括文学类文本和信息类文本。PIRLS 文学类文本是指为了文学体验而阅读的文本。在对这类文本的阅读中，读者会利用自身的文学经验、感受以及与文学有关的先前知识构成读者自己的阅读背景，并将之融入文学类文本的阅读情境中，感受文本的图像。信息类文本类型偏重对学生的认知能力及对信息的访问与检索、整合与理解、评价与反思的训练。文本内容贴近生活，涉足多学科领域，是科目统整的切入点，因此，信息类文本重点培养的是学生的批判性思维，从而实现语文的综合性学习。图像语言的干预内容中有大量的图片、图表、说明书或广告，需要通过情景创设、图文转化、读写结合等策略进行阅读学习。这是思维转化、文本理解能力和实践能力的提升过程，而这一提升过程只有以时间为基础、以生活为基点，实现跨学科的深度融合，才能逐渐形成核心素养。

2. 实验干预对学生文本理解能力的影响机制

研究结果表明，实验干预对学生的文本理解能力的影响显著，并且，实验组学生的文本理解能力要大于对照组学生的文本理解能力。在语文阅读中，学生会利用自身的学习经验、感受以及先前的知识构成自己的文本理解能力，并将之融入文本阅读的情境中。文本理解能力需要学生具备获取、选择、分析、加工、有效利用信息的能力。实

验干预所用信息类文本的内容大多是由文字加图片、表格加数字等符号构成的。这种类型的载体在学生的实际生活中很常见，但在语文阅读的学习和练习中并不常见。学生对文本阅读材料中的信息、内容敏感度不够高，且对于信息、内容的呈现形式也不够熟悉。图像语言教学正是通过对学生视觉素养的培养，提高学生的文本理解能力。图像语言干预可以帮助学生在此类载体的学习中，形成非线性思维、批判性思维、关系性思维、整体性思维等复杂性思维能力。因此，图像语言教学有利于学生的文本理解能力的提升。

3. 基础成绩对学生文本理解能力的影响机制

分析结果发现，学生的基础成绩会影响其文本理解能力。通过对不同基础成绩学生的对比发现，高分组学生的文本理解能力的均值比中分组学生的文本理解能力的均值大，并且差异性显著；中分组学生的文本理解能力的均值比低分组学生的文本理解能力的均值大，并且差异性显著；高分组学生的文本理解能力的均值比低分组学生的文本理解能力的均值大，并且差异性显著。综上分析可知，高分组学生的文本理解能力最强，其次是中分组和低分组。此外，高分组学生的文本理解能力明显大于中分组和低分组，而中分组学生的文本理解能力明显大于低分组。

学生成绩的差异不仅代表着学生在语文学习方面的差异性，还有可能与其认知水平、思想层次以及行为习惯有关。根据多元智能理论，人都拥有七种主要智能：语言智能、逻辑－数理智能、空间智能、身体运动智能、音乐智能、人际交往智能和自我认知智能。高分组学生的综合素养较高，其中多数在语言智能层面具有较高的发展，因而在接受图像语言教育时，其对图像语言内容学习得比较快、理解的层面和层次比较深，其整体的语文阅读能力的提升也更快。因此，不同基础成绩的学生，其语文阅读能力存在差异性。

（二）时间因素、实验干预和基础成绩多因素的影响机制分析

1. 时间因素、实验干预对学生的文本理解能力的影响机制

分析结果显示，时间因素和实验干预对学生的文本理解能力的影响不显著，即时间因素和实验干预因素对学生的文本理解能力不存在交互作用，实验干预对学生的文本理解能力的影响不随时间的变化而变化。

时间因素、实验干预对学生的文本理解能力不显著可能有以下两个方面的原因。一是实验干预在整个实验阶段对学生的文本阅读能力影响显著，但在第一阶段和第二阶段影响无差异，所以实验干预对学生文本理解能力不随时间变化而变化。二是学生在实验干预之前，接受传统阅读教学已有较长时间，之前学习的阅读方法和策略有着先入为主的强势影响，因此，在相对短期的实验干预下可能影响不太显著。学生在接受一个新的学习方法、策略或者思维模式时，都需要有一个更为完整的课程周期，干预才会有显著的影响。因此，实验干预对学生的文本理解能力的作用不会随时间的变化而变化。

2. 时间因素、基础成绩对学生文本理解能力的影响机制

分析结果发现，基础成绩对学生的文本理解能力的影响会随时间的变化而变化。对于低分组学生，虽然其文本理解能力较低，但是其随时间推移而提升的幅度较大。而对于高分组学生，虽然其文本理解能力很高，但是其随时间推移而提升的幅度相对较小。这说明，相对于高分组学生，低分组学生的文本理解能力随时间提升的幅度更大。

笔者进一步分析发现，低分组学生的文本理解能力在第一阶段和第二阶段都提升显著。中分组学生的文本理解能力在第一阶段提升显著，第二阶段提升不显著，但在整个阶段（第一阶段＋第二阶段）提升显著。高分组学生的文本理解能力在第一阶段有所下降，但下降不明显，在第二阶段提升显著，并且在整个阶段（第一阶段＋第二阶段）高分组学生的文本理解能力提升显著。

综上所述，在文本理解能力的测验中，不论是高分组、中分组还是低分组的学生的文本理解能力都随时间的变化而变化。其中，中分组学生的文本理解能力在第一阶段变化明显，高分组学生的文本理解能力在第二阶段变化明显，而低分组学生的文本理解能力在第一阶段和第二阶段的变化都非常明显。上述现象产生的原因，可能是之前文本阅读方法对低分组学生的影响没有那么根深蒂固，当他们学习并逐渐掌握一个新的阅读方法后，其文本理解能力增加的速度也会较快。而对于高分组学生，其对之前的学习方法已经熟练并且抱有信心，他们对新方法的学习态度可能没有那么积极，在学习应用上可能需要磨合，因此，其成绩提升速度可能会较慢。但笔者认为，一旦高分组学生完全掌握并应用新的学习方法，其成绩提升会比低分组学生快。

3. 基础成绩、实验干预对学生文本理解能力的影响

分析结果显示：实验干预对不同基础成绩学生的文本理解能力的影响不显著。从实验组和对照组中高分组、中分组和低分组学生的文本理解能力的均值进行对比来看，三个组别中实验组和对照组学生的文本理解能力差异不大。

4. 时间因素、实验干预、基础成绩对学生文本理解能力的影响

分析结果显示：时间因素、实验干预、基础成绩对学生文本理解能力的影响不显著。结合上述其他因素对学生的文本理解能力的影响来看，可以认为时间因素和基础成绩对学生的文本理解能力的影响不会因为实验干预产生差异。

二、文学类文本理解能力的影响因素分析和讨论

（一）时间因素、实验干预和基础成绩单因素的影响机制分析

1. 时间因素对学生文学类文本理解能力的影响机制

分析结果显示，学生在实验前测、中测和后测中的文学类文本理

解能力存在差异，即文学类文本理解能力受到时间因素的影响。通过成对比较分析，笔者发现，在第一阶段学生的文学类文本理解能力是显著上升的，而在第二阶段学生的文学类文本理解能力变化不显著，但整个阶段（第一阶段＋第二阶段）学生的文学类文本理解能力是显著上升的。

从时间因素来看，学生的文学类文本理解能力先上升再下降，但总体是保持上升的。第二阶段下降的可能原因：一是课程难度方面。随着课程的进行，课程难度逐渐在第二阶段增加。当课程内容相对简单时，学生的文学类文本理解能力差异可能不太明显；当课程内容难度增大时，学生的文学类文本理解能力差异更容易体现。而在选取PIRLS 测试样题时，笔者和实验教师已经进行了较为仔细的评阅，测试内容满足教学水平的测试要求。二是学习情绪方面。由于实验进行了较长时间，学生产生了倦怠情绪，其文学类文本理解能力出现变化。但从实验组和对照组学生的不同表现来看，实验组学生的文学类文本理解能力上升，而对照组学生的文学类文本理解能力则下降。

2. 实验干预对学生文学类文本理解能力的影响机制

分析结果显示，学生的文学类文本理解能力受到实验干预因素的影响差异性不显著，即在不考虑时间因素的情况下，单从实验干预结果来看，相对于对照组，在实验组加入图像语言教学并没有明显提升学生的文学类文本理解能力。

PIRLS 文学类文本即为文学体验而阅读的文本。在这类阅读中，读者会利用自身的文学经验、感受以及与文学有关的先前知识构成读者自己的阅读背景，并将之融入文学类文本的阅读情境中，感受并阅读文本的图像。图像语言的教学正是通过对学生视觉素养的培养提高学生对文本的感知能力，从而促进阅读教学的认知目标和能力目标的实现。但由于学生对文学类文本的理解也和自己原有的先知经验、理解力、阅历等因素相关，而且学生在实验干预之前，接受叙事类的阅读教学的时间占比非常高，之前学习的该类文本的阅读方法和策略有着先入为主的强势影响。因此，相对短期的实验干预对学生文学类文本理解能力的影响可能不显著。

3. 基础成绩对学生文学类文本理解能力的影响机制

分析结果显示，通过对不同基础成绩学生的对比发现，高分组学生的文学类文本理解能力的均值比中分组学生的文学类文本理解能力的均值大，中分组学生的文学类文本理解能力的均值比低分组学生的文学类文本理解能力的均值大，高分组学生的文学类文本理解能力的均值比低分组学生的文学类文本理解能力的均值大，说明中分组和高分组学生的文学类文本的理解能力大于低分组学生的文学类文本的理解能力。

由上述结果可知，经过一个学期的图像语言教学，在文学类文本测验中，不论是高分组、中分组还是低分组，学生的成绩都存在差异性。其中，中分组学生的文学类文本理解能力的均值比低分组的大，高分组学生的文学类文本理解能力的均值比中分组和低分组的大。这表示，成绩较好的学生，其文学类文本理解能力也较强。因此，单从基础成绩分析学生文学类文本理解能力来看，基础成绩与学生的文学类文本理解能力是呈正相关的。

（二）时间因素、实验干预和基础成绩多因素的影响机制分析

1. 时间因素、实验干预对学生文学类文本理解能力的影响机制

分析结果显示，实验干预对学生的文学类文本理解能力的作用会随着时间的变化而变化。具体而言，时间因素和实验干预因素的交互作用对学生的文学类文本理解能力的影响显著，即时间因素和实验干预因素对学生的文学类文本理解能力存在交互作用。从变化趋势和幅度来看，在第一阶段，对照组学生的文学类文本理解能力提升的速度与实验组学生的文学类文本理解能力提升速度基本一致。在第二阶段，实验组学生的文学类文本理解能力提升，而对照组学生的文学类文本理解能力下降。出现这种情况的主要原因在于对照组学生的文学类文本理解能力下降，以致产生了反差。可能是因为存在整体性影响因素，比如，非预期内的外部因素或课程内容难度整体增加，对实验组和对照组都造成了影响，但由于对实验组学生加入了图像语言教

学，缓解了这部分因素的影响，因此，实验组和对照组产生了明显的差异。

如前文所述，学生在实验干预之前，接受叙事类的阅读教学的时间占比非常高，之前学习该类文本的阅读方法和策略有着先入为主的强势影响。因此，在相对短期的实验干预下，学生的文学类文本阅读能力无法有显著的影响。学生接受一个新的学习方法、策略或者思维模式都需要有一个更为完整的课程周期，教学干预才会有显著的影响。因此，实验干预对学生的文学类文本理解能力的作用会随时间的变化而变化。

2. 基础成绩、时间因素对学生文学类文本理解能力的影响机制

分析结果显示，基础成绩对学生的文学类文本理解能力的影响会随时间的变化而变化。进一步分析发现，低分组学生的文学类文本理解能力在第一阶段提升显著，在第二阶段提升不显著，但在整个阶段（第一阶段＋第二阶段）提升显著。中分组学生的文学类文本理解能力在第一阶段和第二阶段均提升显著。高分组学生的文学类文本理解能力在第一阶段、第二阶段以及整个阶段（第一阶段＋第二阶段）均呈下降趋势，但不显著。

这就说明，低分组学生的文学类文本理解能力在第一阶段有较为明显的提升，中分组学生的文学类文本理解能力在第一阶段和第二阶段都有较为明显的提升，而高分组学生的文学类文本理解能力没有显著变化。

出现上述现象可能的原因是，低分组学生受之前文本阅读方法的影响没有那么根深蒂固，当他们获得并逐渐掌握一个新的学习方法时，其文本理解能力提升的速度也会比较快。而对于高分组学生，其对之前的学习方法已经熟练并且保有信心，他们对新方法的学习态度可能没有那么积极，在学习应用上需要磨合，因此，他们的成绩提升速度可能会慢些。但笔者认为，一旦高分组学生完全掌握并应用新的学习方法，其成绩提升会比低分组要快。

3. 基础成绩、实验干预对学生文学类文本理解能力的影响机制

分析结果显示，不同基础成绩和参与实验干预的学生，其文学类文本理解能力不存在差异性。这说明实验干预对不同基础成绩的学生文学类文本理解能力影响没有太大的差异性。

4. 时间因素、实验干预、基础成绩对学生文学类文本理解能力的影响机制

分析结果显示，实验干预对不同基础成绩学生的文学类文本理解能力的作用会随着时间的变化而变化。针对不同基础成绩的学生而言，实验组高分组学生在实验前测、中测和后测中表现出的文学类文本理解能力与对照组高分组学生的差异较大。这说明时间因素、基础成绩和实验干预对学生的文学类文本理解能力产生影响。

进一步分析发现，对于高分组学生，在第一阶段，对照组学生的文学类文本理解能力有小幅度提升，而实验组学生的文学类文本理解能力出现了下降；但在第二阶段，实验组出现了显著增长，超过对照组学生的文学类文本理解能力。分析其可能的原因，正如前文所提及的问题，学生在实验干预之前，接受传统文学类叙事类的阅读教学的时间占比非常高，之前学习该类文本的阅读方法和策略有着先入为主的强势影响。尤其是高分组学生原始阅读成绩越高，表示他们对原来的阅读方式掌握越熟练，思维定式越突出。因此，在第一阶段干预后，刚接受新方法的学生需要一个适应的过程，在新旧方法的交替过程中，不论是学生的学习心理还是状态都会有一定的波动，成绩可能受到一定影响。在高分组学生经过一个较为完整的课程培训周期，逐渐掌握并且适应了这种新方法的思维模式后，他们的成绩便有了显著的提升。

对于中分组学生，在第一阶段，实验组与对照组学生的文学类文本理解能力都有小幅度提升，并且实验组学生的文学类文本理解能力提升幅度稍大。在第二阶段，实验组和对照组学生的文学类文本理解能力都出现了下降，但实验组学生的文学类文本理解能力下降幅度较小。通过分析，虽然中分组学生也受原有阅读思维定式的影响，但没有高分组学生那么明显，因此在初始阶段接受新的阅读方法后能够较快适应并掌握，同时，在干预后，实验组学生的成绩提升的幅度与对照组持平。但在第二阶段进一步巩固新方法后，他们对图像语言思维已逐渐熟知并能内化运用，因而实验干预对其后测的成绩有显著的影响。

对于低分组学生，在第一阶段，实验组学生的文学类文本理解能力的提升幅度较对照组大。在第二阶段，实验组和对照组几乎保持同等程度的变化，说明第二阶段的影响并不显著。可能的原因在于，图像语言在刚开始时能够很好地辅助低分组学生进行阅读活动，有效地刺激了他们大脑右半球处理空间、图形、色调等信息的功能，在此基础上成为他们理解文字的"拐杖"。但随着课程内容难度的加深，低分组学生原有先知经验、理解力等局限导致其文学类文本理解能力没有办法持续快速地增长。

三、信息类文本理解能力的影响因素分析和讨论

（一）时间因素、实验干预和基础成绩单因素的影响机制分析

1. 时间因素对学生信息类文本理解能力的影响机制

分析结果显示，学生在实验前测、中测和后测中表现出的信息类文本理解能力存在差异。具体而言，学生的信息类文本理解能力受到时间因素的影响。在实验前测、中测、后测中，学生的信息类文本的理解能力存在差异性。在实验前测、中测、后测中，学生的信息类文本理解能力均有较大的提升。在整个阶段（第一阶段＋第二阶段），学生的信息类文本理解能力有了明显的提升。

信息类文本类型本身含有较强的逻辑性和说明性，该类型文本的阅读更偏重对学生认知能力以及对信息的访问与检索、整合与理解、评价与反思的训练，而这部分的能力则是目前学生较为薄弱的环节。信息类文本内容贴近生活，涉足多学科领域，是科目统整的切入点，重点培养的是学生的批判性思维，从而实现语文的综合性学习。图像语言教学的干预内容中有大量的图片、图表、说明书或广告，需要通过情景创设、图文转化、读写结合等策略进行阅读学习。这是思维转化、阅读能力和实践能力的提升过程，而这一提升过程只有以时间为基础、以生活为基点，实现跨学科的深度融合，才能逐渐形成文本阅

读能力的核心素养。此外，信息类文本在学生阅读学习中的占比不如文学类文本的占比大，没有强势的固有的阅读方法和策略的影响，通过为期4个月的完整周期的干预，学生的信息类文本理解能力有了显著提升。由此可见，时间因素是对学生的信息类文本理解能力有正向影响的。

2. 实验干预对学生信息类文本理解能力的影响机制

分析结果显示，实验干预对学生的信息类文本理解能力的影响显著，说明实验组学生和对照组学生之间信息类文本理解能力存在差异。

信息类文本理解能力需要学生具备获取、选择、分析、加工和有效利用信息的能力。信息类文本多由非连续性的文字、图片、表格、数字等符号构成文本内容。实验干预可以通过培养学生对图片、表格等符号结构类文本内容的理解，提升学生的信息类文本理解能力。相较于文学类文本，学生对信息类文本的阅读量并不多，对于材料中的信息敏感度也不高，对于信息的呈现形式也不够熟悉。而图像语言教学可以帮助学生对此类载体的学习，培养学生非线性思维、批判性思维、关系性思维、整体性思维等复杂的思维能力。因此，单从实验干预结果来看，在不考虑时间因素的情况下，实验组加入图像语言教学能够提升学生的信息类文本理解能力。

3. 基础成绩对学生信息类文本理解能力的影响机制

分析结果显示，不同基础成绩的学生的信息类文本理解能力存在差异性。基础成绩越好的学生，其信息类文本理解能力也越强。经过一个学期的图像语言教学后，在信息类文本测验中，不论是高分组、中分组还是低分组学生的成绩都存在差异性。其中，中分组学生的信息类文本理解能力的均值比低分组的大，高分组学生的信息类文本理解能力的均值比中分组和低分组的大。这说明成绩越好的学生，其信息类文本理解能力也越强。

（二）时间因素、实验干预和基础成绩多因素的影响机制分析

1. 时间因素、实验干预对学生信息类文本理解能力的影响机制

分析结果显示，时间因素和实验干预对学生信息类文本理解能力

的交互作用不显著，说明干预因素对学生的信息类文本理解能力的作用不会随时间而变化。信息类文本是在一个大背景的引导下，由图形、表格、数据等方式具体展示出阅读内容的，因而应从结构和内容两个方面进行理解。但图像语言课程更多是通过图片帮助学生理解文字，而在信息类文本的结构中，还需要侧重从不同角度、不同层次针对材料（图、表、单）进行比较，经过观察、分析、综合、概括，重新加以排列，领会材料中非连续性文本之间的区别与联系。此外，图像语言课程对图片内容的分析、比较还不够深入，尚未涉及对结构的高度概括与综合解析，信息数据的处理也未有关于逻辑系统呈现的引导。因此，时间因素和实验干预对学生信息类文本理解能力的交互作用影响并不显著。

2. 时间因素、基础成绩对学生信息类文本理解能力的影响机制

分析结果显示，时间因素和基础成绩对学生的信息类文本理解能力的交互作用显著。这说明基础成绩对学生的信息类文本理解能力的作用会随着时间的变化而变化。针对不同基础成绩的学生而言，低分组学生在实验前后其信息类文本理解能力增长较快。出现上述现象可能的原因是，低分组学生受传统信息类文本阅读方法影响相对较小，当他们获得并掌握一个较好的阅读方法后，其应用效果提升的速度会较快。

3. 基础成绩、实验干预对学生信息类文本理解能力的影响机制

分析结果显示，实验干预、基础成绩对学生信息类文本理解能力的影响不显著，说明不同基础成绩的学生，其信息类文本理解能力不存在差异性。

4. 时间因素、实验干预、基础成绩对学生信息类文本理解能力的影响机制

分析结果显示，时间因素、实验干预、基础成绩对学生信息类文本理解能力的影响不显著。这说明实验干预对不同基础成绩学生的信息类文本理解能力的作用不会随着时间的变化而变化。

第四章　研究讨论与建议

第一节　讨论

一、语文阅读能力再思考

小学阶段的语文阅读文本大致可分为文学类文本和信息类文本。如何通过图像语言干预提高学生的视觉素养，进而对不同文本类型的阅读产生影响值得深入探究。下面，笔者将从当下小学语文阅读两种主要文本类型出发，思考和探讨未来语文阅读课程的教学方向，以及如何提升学生对不同文本类型内容的阅读能力。

（一）视觉素养对文学类文本类型阅读的影响

文学类文本属于学生较为熟悉的文本类型。传统的阅读授课方式较为注重各种阅读策略的培养，以训练学生对文本一定的认知和理解。在此基础上融入图像语言的学习，不仅可以帮助学生促进心像感知，在阅读文字材料的同时能够形成生动形象的视觉思维，化抽象为具体；而且学生通过多种媒介获得的感受和对文本阅读的理解可形成其独特的阅读感受能力，进一步帮助学生获取对文本内容的更深层次的理解。例如，对实验所用教材的第一单元进行学习时，传统的阅读授课方式常会以单纯的列举、对比动态景物描写和静态景物描写等方式进行。教师往往还会以此作为基础，讲解景物描写的特点与手法。对于小学生而言，这种对比比较抽象。但加入《荷花镇的早市》作为配套图画书教材进行实验干预后，图画书中的动态景物与静态景物就变得非常具体了。这种具象化的表现既可以对文字阅读进行补充，又可以通过其图画细节与景物延伸，拓展学生的想象能力，从而反作用于文字阅读，使学生在阅读文字时更加顺畅，对文字表达内容的理解与认识也能更加深刻。正如教育界学者所提出的，"视觉素养"与"阅读素养"是一种互补关系，只有正确把握二者的关系才能培养学生的思维能力。

信息化时代背景对当下的阅读教学提出了更高的要求，使得教育工作者重新审视和思考如何转变、培养学生的阅读思维方式。只有形成良好的思维模式，才能使学生提高使用语言的能力，同时具备从多元角度分析问题，增强思维的深刻性和独创性的能力。视觉素养的培养与语文阅读素养的培养二者相辅相成，能够使学生从图像和文本的内涵与意义中，理解视觉信息的意义，并能够由信息引出联想、想象，补充增加其含义的深层结构。比如，在以往的教学中，诗歌教学一直是个难题，因为其不但充满着大量比拟和象征手法，还蕴含着文字美与音乐美，需要较高的鉴赏能力，是一般的文学作品和信息性阅读文本所不能企及的。特别是对于小学生而言，想要讲透彻一篇诗歌难度极高。

在此次图像语言实验教学中，笔者选用了《天空的绘本》作为《绿》《白桦》《在天晴了的时候》等诗歌的课外配套图画书。这种方法运用文字和图片的形式将诗歌进行了双重表达，使学生能够直接领会其中的意境和美感，甚至可以说是带领学生真正地阅读了写给儿童的诗歌。这种阅读教学不仅有由浅入深的纵向思维，而且有由此及彼的横向思维。此外，对图像语言和文字语言进行分析和全面的聚合，可以使学生获得独特、创造性的发散思维。

在文学类文本阅读中，着重考察的是学生获取信息、推论、整合观点与评价文本的能力，因此，学生对不同信息的综合处理能力是值得重视的问题。而视觉素养的培养能够帮助学生在碎片化内容中多角度地筛选信息，比较和分析其异同，可以有效地通过图像语言清楚地解释事实以及与文字语言之间的关系。视觉素养的培养还可以帮助学生快速获取有效、实用的知识，化抽象为具象，将信息在头脑中进行加工整合、推论，并分析其合理性。在接受视觉素养培养后，学生可以根据可能的矛盾作出判断，并在逻辑上说明其基础，能够从多个文本或一组图文结合的信息中发现新的信息或策略，进而利用程序和方法来解决问题，形成自己的观点。

（二）视觉素养对信息类文本类型阅读的影响

对于信息类文本来说，首先，它区别于其他文本类型最大的特点就在于其非连续性，即以文字、图画、表格为单位组成的特殊文本形式；其次，体现在其内容表现上的直观性，其强调关键信息的凸显，以满足读者在短时间内快速捕捉关键信息的需要；再次，体现在借助大量图表来表达数据的概括性，其需要读者挖掘数据背后的含义；最后，是多维性，因为信息类文本多以二维的图表形式或三维的空间模型架构形式将视觉化的文本语言呈现在读者眼前，在当前的信息时代背景下，就要求读者在一定时间内获取多维度的信息内容。在此次实验干预中，图画书教材里就出现了图画、插图、地图、表格、结构图、数据图等丰富的文本内容。例如，《地震》一书中出现了地图，要求学生学会辨别方位，了解地形位置；出现的数据柱状图，要求学生能够对地震规模以及伤亡人数和救灾物资数量有清晰的认识。综上所述，信息类文本有内容上的非连续性、阅读上的直观性、思维上的跳跃性、信息上的隐含性、意义上的实用性等特点，因此，学生在学习信息类文本的过程中，更应该重视图像语言阅读能力的培养。由此可见，视觉素养的提升能够使学生在当今信息网络化、文化多元化、学习和阅读环境持续改变的条件下，更好地适应信息碎片化、浅表化、图像化的综合趋势，并且能够促进学生在阅读此类材料组合、图文结合的文本类型的过程中，更好地把握图文中的观点，对文本进行正确的概括、分析与理解。

随着信息技术的跨越式发展，数字化时代的传播方式日趋多元化，语文阅读教学在时代的推动下也迎来了发展的重大机遇和挑战。本研究以教学实验中涉及的说明文阅读为例，充分说明只掌握阅读单纯的文字性信息类文本的技能已经与时代发生了脱节，教材的发展明显滞后于时代的需要。前文所提及的若干图表在当下的语文教材中处于基本缺失的状态，即使这些图表在传达信息时的简洁性、准确性、科学性是远超文字的。由于在实际阅读中对这些图表信息的忽视可能是"致命的"，因此，培养学生的语文素养与阅读能力，必须涉及这些图和表。本次教学实验选用的课外配套图画书《地球的力量》正是遵从了这一现实趋势和学习目标，在传达科学信息的过程中，以图像和文字作为相互补充的载体，使教学工具更加现代化，方法与过程更加贴近实际，从而开启了语文阅读教学的新时代。

将图像语言融入阅读教学，意在将视觉素养与语文学科本质特点相结合，重视学生获取、理解和应用视觉信息的能力，通过提高视觉解读、认知和应用能力，在图像和文本的共同学习中，发展学生的信息处理能力和综合阅读能力，优化学生的思维品质。将图像语言融入阅读教学，以培养学生"语文核心素养"为本，注重对视觉素养与语文学科本质特点的整合，树立正确利用视觉资源的观念，培养学生的视觉思维和逻辑思维，从而提高学生的阅读能力。

二、语文阅读课程内容及教法更新

（一）语文阅读课程内容的更新

在语文阅读课程内容的设置上，本研究实验课程做了一些调整。与此前的传统语文阅读课程内容的对比如下。

与以往传统阅读课程单线使用文字文本不同的是，实验课程采用单元双线结构，以图画书作为教学辅助载体，以教材单元为教学单位，设置图片与文字双线融合的教学内容，运用图像语言辅助学生理解的文本。

为了更好地增加阅读的系统性与科学性，在选取课程内容时，首先，选择与单元主题相同的图画书进行教学，既可以辅助学生对本单元课内阅读内容的理解，也可以以此作为复习巩固学法的补充材料。例如，教材第四单元的课内阅读篇目为《猫》《母鸡》《白鹅》，单元的主题为动物，相应的配套辅助教材为图画书《森林大熊》，主题依然为动物。其次，选择体裁一致的图画书。例如，文学类文本以叙述描写为主，配套图画书也有着具体生动的叙事风格；而信息类文本以传授知识、说明事理为主，那么配套图画书的内容也是科学性与实用性兼顾的类型。比如，教材的第二章中，课内文章以自然和科技类的说明文为主，选用的图画书《地球的力量》也是传递科学信息类的绘本。最后，重难点相符。教材中的每一单元都有学习重点及难点，新课程的教学目标就是运用图像语言帮助学生攻克重难点，使作为桥梁书和巩固知识点的图画书材料真正服务于阅读课程。例如，教材第七单元所选用的辅助教材《美女还是老虎?》这本图画书，正是通过图像语言帮助学生抓住人物的外貌、语言、动作、神态和心理，进而解决小说人物的特点与品质分析这一教学重点及难点问题。

（二）语文阅读课程教法的更新

图像语言融入的阅读教学与传统阅读教学在教学方法和教学策略上都有所不同。其不同点具体表现在课前导读、课中指导和课后活动三个环节中。

1. 课前导读

课堂教学的第一个环节就是导入，阅读课的新课导入并无固定的模式，通常以故事、道具、悬念、质疑导入创设情景等方式开展。传统阅读课程是以文字为主，即使使用图片，也是以激发学生学习兴趣和求知欲为目的，以一两个与文章主旨相关的问题作为提问内容，顺势导入新授课程。但图像语言融入阅读教学在导入环节即以图片为主，主要从图像元素如从颜色、线条、媒材出发预测本篇文章的基调；或者从图片的页面设计中的边框与位置去推论画面事件可能引发的另一事件或者人物之间的关系。也就是说，图像语言融入阅读教学从新课的导入环节就着重培养学生的预测和推论能力。

下面，试举本研究干预实验中的两个实际教学案例，以说明图像语言融入阅读教学在导入环节的特殊性。《铁丝网上的小花》是一本讲述"二战"期间德国小姑娘不顾自身安危，每天偷偷给集中营里的人送食物的图画书。这本图画书的作者是在业内享有盛誉的意大利图画书作家罗伯特·英诺森缇。它成书于 20 世纪 80 年代，曾经荣获美国国家图书奖、布拉迪斯拉发国际插画双年展金苹果奖等众多国际上含金量颇高的奖项。顶尖的绘画艺术水平和细腻的描写笔触是这本图画书的一大特点。

教师在教授《铁丝网上的小花》时，首先从解读图画书封面入手，激发学生的学习兴趣。例如，教师在简单讲述 20 世纪三四十年代那场影响了全世界的血腥战争——第二次世界大战后，由此背景引出生活在那个时期的故事主人公——罗斯·布兰奇，一个善良、无私、热爱生活的小姑娘。

随后，教师向学生介绍将要学习的故事书《铁丝网上的小花》，并向学生展示图画书封面。在介绍作者罗伯特·英诺森缇后，教师开始引导学生观察故事书的封面。教师在此提出第一个问题："你看到了什么？"然后引导学生观察图画中的主体内容并让学生用自己的语言进行表达，特别是要引出画面中的主要人物——主人公罗斯·布兰奇。

在介绍小姑娘布兰奇后，教师进一步通过提问引导学生读取封面图画中的细节。例如，"小姑娘的眼睛是什么颜色的？""小姑娘在看什么？""她的神情是怎样的？"这里要注意向学生传达一个核心要素：阅读图画书不单单是阅读文字，更要关注图画的细节。例如，图画中玻璃反射的图像、小姑娘的表情等细节内容。教师可以就图画细节进行延伸，适当地融入图像语言的要素或其他基本内容。例如，小姑娘眼睛的颜色是蓝色的，在图像语言中可以表示忧郁。

在导入环节的最后，通过抛出一个开放式的问题："这样的封面给你什么感受？"引导学生进一步观察图画书封面，使学生从画面细节和色彩色调等图像语言入手，加入适当的合理的想象，说出阅读封面后的感受，以及对封面传达出的故事信息的解读，等等，从而完成本堂课程的导入，自然过渡到图画书的阅读。

另一个导入示例，我们选用信息类文本《地震》，以此展示与文学类文本阅读的差异，从而给出相对全面的参考。

《地震》是有"科学绘本之父"美誉的著名日本图画书作者加古

里子的作品。该作品原本是一套十册，名为《地球的力量》，由于课堂时间有限，在本次教学实验过程中，只选出其中一册进行阅读课的教学。《地球的力量》系列科学图画书画风简洁，具有亲和力与想象力，便于小学生及其他年龄段的儿童阅读和接受，是科学类图画书中的标杆和杰出作品。《地震》作为这套书中比较有代表性的一册，内容充实、语言贴近低龄儿童，图画既有趣味性，又有冲击力，既能迅速引起儿童读者的学习兴趣，又能向他们传递知识、情感和价值观。

在信息类文本《地震》的教学过程中，实验组教师选用了创设情景的方式导入新课。在课堂伊始，教师就为学生们创设了一个新的学习情景：如何设计一本图画书——打破了学生对阅读课的固有认知和思维模式，从学习如何阅读图画书，转为如何设计一本图画书，进而激发学生的学习兴趣。随后，教师沿着设计图画书这个思路，向学生介绍图画书的组成构件，包括封面、封底、前环衬、书名页、正文、后环衬等。

在此基础上，教师进一步引导学生发散思维，梳理图画书的设计理念，并尝试通过回答"设计内容是什么""如何设计得更好"等问题来寻找适当的主题，开始设计自己的图画书。需要注意的是，这一部分内容的意义在于激发学生的学习兴趣，回顾图画书阅读和图像语言教学的一些基础知识，并不是课堂教学的主体。教师要把握好时间长度和内容深度，如果有需要再进行内容的延伸，则建议教师另外设计一堂课，专门用于训练学生的发散思维和相关技能，或者留作课后作业或实践任务来完成，不能够本末倒置，"丢了西瓜，捡了芝麻"。

在学生讨论完图画书的设计理念等内容后，教师向学生展示了《阪州大地震图》，帮助学生完成读图并以自己的语言说出读图之后的感受。在调动学生对地震的情感认知后，接续课堂的前一个环节，请学生们以"地震"为主题设计一本图画书。其间，教师穿插介绍一些关于地震的基本知识，例如，地震带来的三大灾害是人员伤亡、建筑受损和火灾。

延续设计图画书的主线思路，将学生设计与作者设计进行对比，从而巧妙地过渡到发掘书籍设计所包含的图像语言上来，进而开始阅读图画书《地震》，完成本堂课程的导入。

这种新课导入方式相较传统的阅读课教学导入更加新颖有效，既能引发学生思考，发散学生思维，锻炼学生知识迁移和语言表达的能力，又能巧妙地总结回顾此前的教学内容，穿插图像语言的阅读技巧和生活常识，在激发学生学习兴趣和增加课堂内容的知识性、技巧性等方面都更胜一筹。

2. 课中指导

在正式进入课文学习后，第一个学习环节可以被概括为初读课文、整体感知环节。在这一环节中，传统阅读模式以文字为主，以篇章结构、故事线索和主要人物关系的解析为主要的教学任务，而图像语言阅读课程在这个环节主要是以图片为主，文字为辅。其间，图像语言阅读课程主要运用图像元素、书籍设计以及图像语言的叙事方法作为三个支架进行教学。

此处仍以图画书《铁丝网上的小花》和《地震》的教学过程作为实例，对初读课文加以说明。

在图画书《铁丝网上的小花》的教学过程中，教师完成前文所述的导入环节后，再引导学生完成初读课文。在此过程中，教师带领学生完整地了解整个故事。在教师讲述故事时，学生需要跟随故事的进程仔细阅读故事书，进而对图画书的内容包括文字与图画特别是其中蕴含的图像语言有比较完整的了解。

在了解完整个故事后，请学生思考三个问题，但不需要学生马上作答。第一问题是：主人公小女孩布兰奇所戴的蝴蝶结是什么时候出现在故事中，又是什么时候不见的？蝴蝶结的出现和消失代表了什么？提出这一问题的主要目的是促使学生关注整个故事的叙事方法，剖析故事中存在的关键隐喻，锻炼学生归纳信息并进行推论的能力。

第二个问题是：本书的图画中有两种内容使用了对比强烈的红颜色，分别是纳粹党的旗帜和小女孩罗斯·布兰奇头上的蝴蝶结。两者具有相同的颜色，但这种鲜艳的红色代表的意义相同吗？为什么？这一问题意在使学生关注图像元素，分析颜色这一图像语言所传递的信息，同时锻炼学生评价作品内容的能力。

第三个问题是：随着故事的发展，图画中天空的颜色发生了什么样的变化？这个问题是对前两个问题所考察和培养的内容的强化，使学生进一步关注和分析本书的叙事方法和事物隐喻，进一步锻炼学生评价作品内容的能力。

在提出上述三个问题后，教师请学生回忆此前课程中讲解过的图像语言基础内容，例如，颜色、线条、媒材等图像元素及其基本象征意义，叙事策略、叙事结构等图画书中图像语言的主要叙事方法，以及书籍设计等内容。这一环节的教学目的是提醒学生认真留意文中的图像语言，促使学生勤于思索，为开展课文精读做好铺垫。

《地震》的课堂教学，则选择了另外一种初读课文的方式，即从书籍设计入手。

在完成前一小节的导入内容后，教师开始引导学生思考图画书《地震》的设计理念并观察其封面设计，同时抛出问题：怎样设计最能吸引读者的"地震"主题的封面？在本次实验教学的实际过程中，学生的作答可大致概括为：选用图画或照片作为封面。因为相较于文字来说，图片更能吸引读者。事实上，学生能够比较准确地做出这一贴近主题的回答，是受到前期图像语言阅读课程的教学结果和受本节新课前的导入过程的综合影响。如果在课堂教学中，学生没有思考到这一层，那么教师应该引导其思考文字语言和图像语言在直观性、表现力上的区别，进而考虑封面适合应用哪种形式。在确定封面选用图画后，教师继续鼓励学生思考："地震"主题应该选用哪种媒材予以表现？教师提出这一问题的目的主要是提醒学生对图像媒材进行关注，同时回忆相关图像语言的主要含义。因而这一题目是开放的，只要学生言之有理、能自圆其说即可。在本研究所做的教学实验中，学生的主要答案为"水粉"。这种回答可能与学生预先观察的辅助教材有关，并非标准或唯一的答案。

在思考以上两个问题后，学生开始在教师的指导下观察和阅读《地震》的封面并思考作者加古里子这样设计封面的原因。教师应引导学生认真思考图像语言的作用和流动性媒材的作用，指导学生回忆图像语言基础理论课程中相关内容的讲解并结合当前的具体语境、主题和内容加以阐释。在教学实验中，学生经过观察和教师的引导，解释了运用图画作为书籍封面可以给予读者更强的视觉冲击，同时使用流动性媒材能够更好地表现地震所具有的蔓延性。

紧接着，教师开始带领学生进一步观察图画书《地震》的环衬设计，并引导学生接续主题进行思考：如果学生自己设计这样一本图画书，要怎样设计前环衬？在教学实验中，学生主要有两种比较有意思的回答：一是将前环衬设计成漆黑一片；二是将前环衬设计为遭受地震前的图画，而将后环衬设计为遭受地震后的图画。由以上两个回答可以看出，在经过一段时间的图像语言阅读训练后，学生的语文核心素养和综合思考能力有了很大进步。在了解和分析了学生的设计理念后，学生在教师的引导下回归辅助教材，开始观察和思考作者设计的前环衬。《地震》的前环衬，作者选用了记录日本发生地震的频率和强度的图片，同时，作者在图片一旁以文字和小插图的形式分别叙述了一级到七级地震的规模。教师对环衬的这一设计也作出了讲解。由于封面选择使用了图片，如果后面紧接着还是一张图片，则会对其效果产生影响，这里，作者选择用数据说话，以图文互补的叙事结构，突显出数据和图画共同带来的视觉冲击。

接下来是阅读扉页和书名页。阅读扉页时，教师带领学生们回顾《荷花镇的早市》一书是作者送给妈妈的礼物，而《地震》一书是作者送给小读者的礼物，由此引出一个思考题目：如果学生自己是作家会将自己写的作品送给谁呢？这又是一个开放式的问题，既锻炼了学生的思考和语言表达能力，又具有培养学生情感、态度和价值观方面的重要意义。

随后，教师继续引导学生思考：如何设计《地震》的书名页才能更有新意？实际教学过程中，随着本节课的不断深入，学生的思考与作答也越来越新颖、深刻。学生 1 回答，从色调的变化上彰显新意，将书名页的插图设计为黑白色；学生 2 回答，把"地震"二字设计出地震的效果，例如，使"地震"二字倒下或者画出震感。可以说，这两名学生的作答非常符合本书的设计理念，并且包含了其自己独特的想法。在分析学生的作答后，教师进一步指导学生分析和解读《地震》一书的作者加古里子的书名页设计。在此处，教师对作者将书名页设计成图片加文字的形式进行分析和讲解，帮助学生理解作者采用的图文对称的手法，强调图画中表现出的地震震感，同时引导学生对图画边框进行额外关注，并解读波纹线条的图像语言内涵。

在完成课文初读后，课堂教学进入了第二个环节，即精读课文、解答难点环节。在这一环节中，传统阅读模式重点对主要段落、重要词句和表达方法给予进一步的详细解析，而图像语言课程则紧扣PIRLS阅读四大能力与图像语言的结合点进行教学问题的设计。

首先是聚焦并提取明确陈述信息。抓住文中如颜色或线条等能够代表或隐含关键信息的问题，或者从叙事策略中找出关于时间或视角变化且能突出故事主旨或观点的问题，又或者抓住叙事结构中具有图文对称关系的作品里某些特定图像画面能辅助理解一些难度较大的字词含义的问题。此外，还可以通过定位特定时间、特殊物件、特别视角等要素问题，识别与阅读相关的特定信息，寻找特定观点、字词含义，或辨认故事要素。

其次是直接推论。可以抓住封面、环衬、书名页以及跨页的关联问题，也可以抓住特殊物件的隐喻或图文关系、叙事视角，去推断事件的关联、某些代词的指代含义等关键问题，从而在对比和争议中总结主要观点，理清故事人物关系，等等。

再次是阐释整合。在图像语言叙事策略中，可以寻找并阐释贯穿全文的时间线索或者特殊物件线索，从不同图文叙事中整合出文章的信息和主题。

最后是评价文本内容语言和元素。从这一维度出发，可围绕颜色、线条或媒材等图像语言要素，探究作者如何通过其表达文章含义，也可以从叙事策略和叙事结构中预测难以意料的结局，还可以从文章的叙事视角推论出作者的中心视角。

下面，我们继续以教学实验中的实际过程为例，对精读课文、解答难点环节加以说明。

精读《铁丝网上的小花》是在前文初读的基础上进行的。此时，教师开始指导学生对图画书的每一部分进行逐一分析、解读。教师领读第一页关键文字，提示学生观察图片并思考两个问题：第一，一辆军车车头冲进画面预示着什么？第二，画面中高饱和度的颜色是什么？它们被分别用在哪些东西上以及分别表示什么？此处的两个问题具有明显的区别。第一个问题是可以进行直接推论的，因此，教师可以直接引导学生进行思考和作答。课堂上，学生也可以用自己的语言回答军车的闯入预示着战争的到来。第二个问题则需要阐释、整合观点与信息，因而教师没有要求学生立即作答，而是提醒学生带着这个问题继续阅读，并在最后进行解答。

教师继续引导学生观察后一张图片，提示学生思考：战争到来后，镇子里的人们在做哪些事？这里主要锻炼学生的读图能力和表达能力。教师通过引导学生说出图片中的人们都在做什么，进而点出图片的表达主旨：虽然战争开始了，但人们仍在努力保持生活的常态。

在继续阅读时，教师提示学生可以尝试将图画颠倒过来，并提问学生发现了什么。此处，教师通过引导学生重点关注画面上的铁丝网促使学生思考其隐含的意思。在阅读这一部分内容时，教师带领学生回顾了"物件隐喻故事线索"的叙事策略，并通过板书进行强调，提示学生注意作者在每一页的图画上都给出了一些含有暗示或者象征意义的元素，在阅读时要从中发现和解读它们的含义。

教师引导学生继续阅读图画书和分析图像语言，并适时提醒学生们注意天空的颜色，并再次以板书的形式强调要注意图像元素—色彩的含义。在接下来的阅读过程中，教师进一步提示学生们关注图像元素和图像语言的隐喻。例如，提醒学生留意观察小女孩罗斯·布兰奇的眼睛是什么颜色的，她看到了什么。

在阅读图画书的第14页时，教师适当地提醒学生注意画面中的人们所穿的囚服都有一个相同的标志。在这里，教师补充了关于第二次世界大战、犹太人、犹太教和六芒星、纳粹集中营以及针对犹太人的大屠杀等一些与阅读内容相关的背景知识，以此帮助学生理解这幅图画所表达的含义，同时也更有利于他们深入地理解整个故事。

教师继续带领学生阅读教材。在读到故事的主人公越来越瘦，并且只有镇长越来越胖时，请学生们思考并解答：为什么只有镇长越来越胖？这一问题相对比较容易推断，学生可直接推论出，是物资匮乏、镇长贪污、压榨小镇居民等原因。在学生回答这一问题时，除了锻炼学生的推断和表达能力外，还有一个重要目的就是提醒学生关注镇长，并在图画中找出这个人物，为后续的深入阅读做准备。

通过以上铺垫，在阅读到关于逃难的内容时，教师顺势引导学生进行思考：为什么镇上的人都要离开去逃难呢？这里，教师要适时提醒学生关注上述那幅图中的镇长。他此时也在逃难的人群里，但是已经换了装束。教师提醒学生关注的另一个要点是逃难过程中不同的车辆，并请学生们思考：主人公罗斯在不在逃难的队伍中？这种危急关头她去了什么地方？这里教师指导学生回看图画书的前一页，通过阅读和观察罗斯·布兰奇的衣着、携带的物品，推断出在大家逃难的时候，她又一次去看望被关押在集中营里的朋友了。在观察小女孩的衣着时，教师着重引导学生意识到小女孩头上的红色蝴蝶结不见了，帮助学生通过观察和思考意识到，这是一种以物件隐喻故事线索的叙事策略，暗示着将出现我们不愿发生的事情。

这一个步骤的主要目的是通过指导实践的方法，促使学生明白精细阅读要做到前后联系，要有效地串联画面。只有这样才能把书读得更透。教师指导学生按照故事的发展完成第一遍精读后抛出思考问题：小花和带刺的铁丝网分别代表什么？主人公罗斯是一个什么样的人？在学生进行充分思考的前提下，教师引导学生对这些问题进行作答。在第一遍精读后思考这些问题，是为了锻炼学生考察和评价文本内容语言和文本元素的能力。

在第一遍精读后，教师还组织学生进行第二次更加深入的研读。这样做主要是为了进一步锻炼学生表达观点、归纳信息的能力。例如，在思考第一个问题时，教师要求学生合上图画书仔细回想其中的色彩。在实际教学中，学生回忆起红色的蝴蝶结、纳粹旗帜、纳粹袖章，蓝色的小女孩的眼睛以及灰色的天空。紧接着，教师根据学生回忆的内容，指导学生对比小女孩所戴蝴蝶结的红色和纳粹标识的红色以及战争结束前后的天空变化，并深入分析其中的隐喻。

在透彻了解这些隐喻后，教师进一步指出，该书中还有很多富含寓意的内容，提醒学生进一步思考和研读，并以该书中描写天气变化的内容作为示例，在课堂教学中指导学生对其进行逐一分析。在教学实验过程中，学生在教师的引导下，比较准确地分析了该书中描写的天气变化同战争、人们的生活和命运的关系。通过分析这些隐喻，学生进一步掌握了图像语言的叙事策略和语文核心能力。

在精读结束后，教师给予学生一段自由交流和发言的时间，使学生可以自由表达阅读完《铁丝网上的小花》的内心感受，在帮助他们培养语言交流和自我表达能力的同时，进一步关注他们的价值观成长。

与前者不同，《地震》的精读过程是沿着此前的图画书设计这一情景进行的。学生们在教师的指导下，按照教学设计板块精读了该图书。

首先，学生在教师的引导下，猜测作家从哪里开始落笔创作这本图画书。学生1认为应先画出地震的前兆，而学生2认为应先从地震的原因开始讲起。两名学生的设计分别按照事件先后顺序和因果顺序，虽然都是合理的，但教师认为这种设计方式给读者的感觉仍然不够震撼，并且顺势引导学生思考：提到地震最先想到的是什么？学生的作答基本上是围绕"灾难"一词进行的。于是，教师在学生作答的基础上联系汶川大地震进行总结，并引出了图书原文，并说明作者从关东大地震这一地震实际场景开始讲起的好处。在阅读原文的过程中，教师还带领学生总结作者所使用的说明方法，包括列举数据、图片与数据相结合等。

第二板块至第六板块的阅读和分析，仍然从作者的图书设计角度切入。教师带领学生思考：利用案例吸引读者后，接下来要设计什么内容？通过思考和阅读，理解作者为什么按照"什么是地震""地震的起因""地震的次生灾害""地震中的自我保护技能""主题总结"和"自我介绍"的顺序进行。在这一过程中，教师穿插讲授或者引导学生思考了诸如"作者这样设计，好在哪里""作者把地球比作什么"等问题，以此来帮助学生深入了解图像语言的作用、意义和使用方法，同时掌握关于地震以及自我保护的知识与技能。

在阅读完《地震》的主体内容后，教师并没有就此结束新课的讲授，而是继续指导学生阅读和观察图书的后环衬。图画书作为完整的书籍作品，每一部分都有其设计用意和内容表达。本次实验教学一再强调的书籍设计事实上也是图画书和图像语言的重要组成部分，绝不是可有可无的。在阅读后衬环的过程中，教师组织学生进行了再一次的思考和讨论并最终达成一致：这一部分的设计应该再次紧扣主题，挑选最具震撼力的图片以作为全书感叹号式的结尾。

综上所述，在课中指导环节，图像语言阅读课是紧扣 PIRLS 考查学生的四大能力，结合图像语言知识点进行问题设置的。实验课程主要利用图像为学生"建立心理意象"，充分运用预测与推论策略、联结策略和心像法策略促进学生对文本的深刻理解，同时，图像语言对阅读理解重难点问题起到还原具体形象和相关情景的桥梁作用，从而提高学生准确定位、联想推理、阐释整合及表达评鉴的能力。

在实际教学中，课堂最后还有总结知识、归纳方法的环节，由于这一部分内容主要是对上述教学实录的概括，这里就不再赘述。

3. 课后活动

在课后活动中，传统阅读教学一般以布置课外阅读和习题为主，而图像语言课程的课后活动一般为提供与当日课程主题相同的图像学习资源链接[①]，使学生对图像语言基础知识点进行回顾，而选择的课外阅读习题也会相应配有富含图像元素的插图。

---

① 图像资源链接相关网站有：（1）Visual literacy K-8（http://k‑8visual.info/）：该网站主要介绍视觉素养的基本概念，推介为教师和学生编写的视觉阅读训练教材。该网站还为教师提供了视觉素养培养的相关素材。（2）The On-line Visual Literacy Project（http：//www.pomona.edu/Academics/courserelated/classprojects/Visual-lit/intro/intro.html）：该网站为美国 Pomona College 学院依据视觉图像的基本要素编制的视觉素养培训材料。（3）Art, Design, and Visual Thinking（http：//char.tra.cornell.edu/）：由美国康奈尔大学杰罗塞克（Charlotte. Jirousek）编写的关于视觉素养培养的在线教程，该教程介绍了视觉语言的基本元素和视觉设计原理。（4）The International Visual Literacy Association（IVLA）（http：//www.ivla.org/）：该网站来自国际视觉素养协会，是视觉素养研究人员沟通交流研究信息的平台。

三、语文教师视觉素养的提升路径

目前，受传统教育的局限，很多中小学教师本身接受图像语言及相关文化的培训和教育较少，自身的视觉素养有待提高；其视觉素养主要来源于一些自身的、零散的视觉经验积累，不仅无法有效地将视觉素养的培养渗透到学科中，甚至可能因滥用视听材料分散学生的专注力，或者因误用图像语言对文本进行解读，阻碍了学生视觉素养的良好发展。

在对教师进行访谈的过程中，实验组教师提到自己在此次实验前进行的阅读教学中，更多是对具体教学策略的研究，而较少从 PIRLS 阅读四大能力，即从获取信息、预测推论、整合观点和评价文本四大能力的高度上去统领阅读课程的教学和设计，也未思考图像阅读或者视觉素养对学生阅读能力的提升有何作用，同时对如何提升自己和学生的视觉素养等问题感到十分困惑。因此，通过恰当的培养途径，迅速而有效地提高教师的视觉素养成为目前较为迫切的需求。国内外许多笔者致力于视觉素养培养的实践性研究，部分教育发达国家已开始将视觉素养培养纳入中小学教育和教师教育课程，而目前国内在这方面的研究尚处于起步阶段，直接针对中小学教师的视觉素养培训课程尚没有先例。鉴于此，语文教师视觉素养的提升路径可通过校本教师培训的方式进行。由于在我国视觉素养培养的研究才刚刚起步，由教育主管部门统一设立一门专门的学科，并编写相应的教材，对培养对象进行系统培训还无法在短时间内实现，况且图像语言文化所涉及的领域极其广泛，试图建立一门涵盖所有视觉文化领域的课程并不现实，对学科而言也很难具有针对性。因此，依靠校本培训的途径，自主开发与本学科紧密结合的课程，更具有自主性、针对性及灵活性和创造性。

在此次图像语言实验中，为了让此次图像语言课程更为系统全面，对理论部分从与之相关的三大学科即符号学、语言学、图像学三大领域进行探讨，并归纳总结出图像语言的一些基础知识供教师学习；对实践部分则采用图画书作为载体，结合 PIRLS 阅读四大能力指标进行图像语言教学设计的相关培训。由此使实验组教师掌握基本的图像语言知识，具备基本的视觉思维能力和视觉创造力，在与本学科学习目标紧密结合的前提下，在教学中正确地运用图像语言传播教学信息，以有效帮助学生正确理解视觉信息，提高视觉素养，促进其语文阅读能力的提升。

综上所述，关于教师视觉素养的课程大致也可分为理论部分及应用实践部分。

（一）理论部分

中小学教师提高视觉素养需掌握一些关于图像语言和视觉文化方面的基础知识。从视觉艺术的角度考察图像语言，它大致上是由视觉基本元素和视觉设计原则两部分构成的一套传达意义的规范或符号系统。其中，视觉基本元素包括色彩、线条、形状、明暗、质感、空间；视觉设计原则包括布局、对比、节奏、平衡、统一。这些基本元素是艺术家用来传达意义的原则和方法，每部作品都是艺术家选择相应的材料和表现形式，运用一定的原则和方法，在一定的范围内控制各种元素之间的关系，最后形成能够传达特定信息的图像（张舒予，2003）。因此，教师掌握以上图像语言基础知识后，可以将这些基础知识与绘画、雕塑、建筑、摄影、电影、网络等视觉文化相结合并进行赏析和创作的训练。

基于上述分析，笔者在对实验组教师的视觉素养培训中选择了以图像语言基础知识为主线，配合新媒体视觉文化的赏析作为辅线的课程内容，为他们提供了一套较为基础的学习方案。

（二）实践部分

实践部分需将图像语言基础知识与本学科进行结合，即站在语文学科的角度去设计图像语言教学课程。对于语文阅读的部分来说，可根据 PIRLS 阅读四大能力指标结合图像语言知识点进行教学设计。运用图画书作为教学载体，根据教师视觉文化知识和个人先知经验的差异，通过选择高质量的视觉材料对其进行视觉观察力、判断力、联想推论能力的培养。同时，也可根据文本的不同类型来选择视觉材料。例如，对文学类文本采用图像材料，而对信息类文本则可采用图形、图表等表达形式的材料。

另外，教师在课堂中可采用多元的视觉表达形式，例如，采用简笔画、图表、插图、课件中的视频或动画，作为对文字表达的补充和说明。利用信息技术帮助知识的视觉表达是当前教师应该掌握的技能，例如，可使用网页制作软件、绘图软件等视觉表达工具进行训练和学习。

教师在视觉素养校本培训中，可采用集中讲授与操作训练结合的方式进行。对于现阶段来说，中小学教师视觉素养的培训是一个新课题，因此，在培训起始阶段应采用集中学习的方式。但视觉素养的培养也是一个知识积累和能力形成的过程。在这个过程中，实际的操作练习必不可少，因此，在课程教研室可加入交流、研讨、反馈的环节，可跨学科与美术学科教师进行交流，实现合作互助，取得良好的培训效果。

四、图像融合的时代趋势和教育展望

当前，语言与其他符号共存，共同构建意义的多模态话语逐渐成为语篇分析的研究焦点之一。教育语篇中的多模态现象也日益引起了语言学和社会符号学的关注。教科书语篇中，在构建概念意义上，语言和图像符号表现为两种关系：一是详述各自信息；二是相互延伸、补充、添加新信息。以文本为主时，语言符号更加细化、更加富有语义地呈现内容，可以补充图像的内容；以图像为主时，图像符号可以提供语言符号未涉及的背景内容，使教科书中的话题讨论内容等更加完善，更加具有画面性。基于上述分析可以发现，相对于传统的单一模态和单一模态教学，教科书中多种模态的相互配合更能实现概念意义，也更能帮助学生理解教材内容，提升阅读能力。

科学技术的进步带动了教科书的变化和改革。教科书现在已不再仅仅以文本的形式出现，而是在教学设计、内容选择、流程安排以及配套学习等方面都呈现了多模态的特点，辅以图片、图像、音频、视频等方式来传递信息。目前，信息多媒介化的发展对教育也产生了影响，因此，对教材的分析不应仅仅局限在语篇单模态分析上，而应该深入分析教材的多模态。当前，不断有学者以多模态话语分析理论和视觉语法理论为指导，探讨教科书中关于语言和图像符号共同构建意义的方式和产生的效果，探索多模态话语分析在教科书中的作用和效果，这不仅促进了图像语言的发展，而且使得多模态教学逐渐成为主流。

在实际的教学中，教师要培养学生文字语言、符号语言、图像语言的相互转化能力，使学生更加深入地认识语言的内部结构。通过抽象、想象和构建，形成符号语言，并将符号语言作为工具进行逻辑推理，加深对符号语言等的理解和记忆。对符号语言进行多维度解读，并结合图像语言等要素和理论，通过想象、构建来加强学生的感性认知，通过多模态教学帮助学生挖掘符号语言、图像语言以及文字语言的教育功能，发展学生的核心素养。

目前，关于文字语言和符号语言的阅读理解已有重要成果。学者们逐渐关注图像、图画书等图像语言对阅读的影响，并且已有学者探讨了图片、图像、图画书等多种语言载体的使用对阅读能力提升的影响和促进作用。尤其是图片、图词等在儿童阅读理解能力方面具有重要作用。多数学者在进行相关研究时多采用观察法、问卷调查法以及行动研究法等，少数学者采用实验法进行实验干预和长期跟踪研究。相对而言，实验法更能够测量图片等素材在儿童语文阅读中的角色和作用效果。基于此，本研究聚焦语文阅读，希望在语文阅读教学中加入图像语言教学，测量图像语言教学对学生语文阅读能力的影响。

第二节　建　议

从研究的结果可以得出以下增进图像语言教学的四点建议。

一、图像语言教学宜采用混合取向的课程设计

图像语言的教学是以独立课程的方式进行还是以融入现有课程的方式进行，是单纯设置在语文学科还是与美术学科进行双学科交叉设计，这些都是十分值得思考的问题。事实上，小学阶段的课程编排已非常紧密，独立设置图像语言课程是不现实的。从其有利于迁移到日常生活运用中以及可行性的角度出发考虑，将图像语言教学融入现有的课程框架，使用图像语言教学"鹰架结构"进行教学是较理想的做法。考虑到贯穿于学科学习中的图像语言训练不够系统和全面，因此，笔者建议，除了在语文阅读课程中加强图像语言训练外，还应在每学期设置几节独立教授图像语言的课程。此外，还可以考虑与美术学科进行双学科交叉设计，语文教师与美术教师在做单元教学设计时尽量相互呼应，主题相近或者将可融合的点进行结合，从而能够让学生在跨学科领域进行多方感悟和知识巩固。

二、选取合适的图像语言学习载体和文本

图像语言课程是较为灵活且教师自主操作性较强的一门课程。由于这门课程目前还没有统一的教材，能否将图像语言教学的作用充分发挥，关键看教师是如何选择图像语言的学习载体和文本的。这是一个至关重要的环节。首先，在选择图像语言载体时，应遵循阅读功能和图像功能结合、国际引进和国内原创搭配、阅读策略和阅读方法并用、搭配不同文章体裁的原则。其次，应根据教材的单元主题风格选取，尽量做到主题相同、体裁一致和重难点相符。再次，根据图像语言载体的实用性选取，应尽量选择涵盖图像元素、书籍设计和叙事设计这几大要素的作品。最后，选择的材料可跟当下实事、热点或学生的兴趣点相结合，以提高学生学习的动机。因此，教师选取有价值的学习载体，能促使学生进行较为系统且高效的图像语言学习。

三、加强图像语言学习策略的教学

教师在进行实验干预时，应尽量根据图像语言教学的"鹰架结构"进行教学，使学生在图像语言语法分析的理论知识框架下进行学习。一开始可进行以教师为主、学生为辅，以图片为主、文字为辅的指导性练习，进而逐步放手，开展以学生为主、教师为辅，以文字为主、图片为辅的独立练习。阅读资料也可从教科书、课内阅读材料逐步扩展为课外阅读材料。在这一过程中，首先，学生从一开始就在教师的引导下进行图像语言的学习，通过学习图像语法进而对图像有更深层的感知，从而使学生加深对文字语言的理解。其次，在学生逐渐掌握图像语言阅读技巧后，能够自主将其融入自己的课外阅读中，并能够在文本与图像的结合叙事中，捕捉更多的信息流。最后，学生能够在以文字为主、没有图片呈现的阅读过程中，善于运用潜移默化的阅读经验和审美经验。然而，在这个过程中，需要加强对预测与推论、联结或心像法等学习策略的运用来进行学习。

目前小学阶段阅读材料大致可分为文学类文本与信息类文本，将图像语言融入这两种不同类型的文本中，采取的教学策略也不完全一致。

在对文学类文本的学习中，教授图像语言应着重在图像元素（颜色、线条、媒材）方面对学生进行引导，使学生在阅读过程中看到类似词语或者句子的相关描写，能够自觉进行相关联想，并在图像语言中寻找相关知识链接，进行推论，想象其背后的意义。也可以引导学生在学习或阅读运用类似叙事方法的文本时，挖掘特殊视角与物件，关注其在文中出现的次数及位置，并把它们串联起来，找出文章的完整线索，整合出文章想表达的观点。在文学类文本的阅读教学中，尤其值得注意的是要加强图像化、预测与推论等学习策略，使学生能更好地加深对文本的理解，提高 PIRLS 考查学生的关于直接推论、阐释整合以及表达评鉴的能力。

在对信息类文本的学习中，教授图像语言应着重运用数据与图像相结合的方式促进学生对信息类文本的理解。信息类文本的阅读教学侧重于对学生的概括能力的培养，同时侧重对学生逻辑思维和抽象思维的考察。首先考察逻辑思维，主要要求学生能看懂图表中的逻辑关系；其次考察抽象思维，由于信息类文本的内容一般以较为直观的方式呈现，因此，要求学生能从图表信息中提炼主旨。信息类文本内容多是以辅助阅读为取向的图文形式以及结果示意图等形式，此外，还有材料组合类和图文转换类文本。阅读信息类文本强调学生在提取关键信息的基础上，要着重分析、理解和评价文本的主要观点。与文学类文本相比，阅读信息类文本更加注重问题的引导，即阅读带有指向性和问题性，这样学生才能快速、有效地提取信息，进入到文本的核心。信息性文本阅读后一般附有问题，对阅读有一定的指引性，引导阅读者有目的地进行信息的重点加工。信息类文本阅读教学要求学生根据问题指引，结合数据和图像，对文本中重要的概念词进行理解，并尝试对其观点进行合理的推论。

四、加强对教师图像语言能力的培训

语文教学的成功与否，教师是至关重要的决定性因素。虽然语文教育一直都在强调多文本阅读，但是教师要先加强图像语言基本知识及运用能力的培训，掌握将图像语言巧妙运用于语文阅读课程中的教学方法。教师主要需提升以下三个方面的能力。

第一，鉴别能力。教师应具备鉴别图像的能力，不盲目相信或采用信息载体，能够过滤一些图像内容单一、视觉效果差、艺术水平不高的图像载体，挑选出既符合教学要求，又符合学生特点的图像语言阅读材料。

第二，改造能力。教师在选择好图像语言载体后，应结合自己的教学进度或者课程所需等实际情况进行改造。例如，对于图画书，可截取其中一些代表性画面进行讲解和赏析；又如，一些随机生成的教学材料、一盒药物的说明书、一则广告、一张海报等，都可以成为教学的载体。亦即教师应具备适时对载体进行重组改造的能力。

第三，组合能力。教师应能将图像资源巧妙地转化为语文教学的有机组成部分，使之具有阅读教学的针对性，并与其他学习因素进行配置和优化。例如，语文与美术进行跨学科的课程整合，以达到更好的语文教学效果。

综上所述，一名有语文素养的教师首先不仅应当具备文字阅读和表达能力，还应当具有视读、理解、批评不同形式信息的能力。其次，教师要具备图像阅读的心理定式。传统课堂教学中，教师始终处于主动地位，扮演着知识传播者和教学组织者的角色，但在读图时代，教师知识传播者的角色将被弱化，而组织者的角色将被强化。教师应形成以学生为中心的心理定位。最后，教师还应了解在图像阅读中作为受众的学生的心理状况。一般来说，学生在读图过程中有以下心理表现：一是简单化接受心理，视觉感官的享受被置于重要位置；二是选择性阅读心理，喜欢休闲娱乐性的阅读；三是从众心理。教师应根据学生的这些心理特点组织教学素材。因此，我们应当加强对教师图像语言能力的培训。只有教师首先具备良好的视觉素养，才能够更好地与本学科融合，引导学生进行有效学习。

第三节　研究的限制和展望

一、研究的限制

本研究在整个研究实验内容、实验对象选取、实验方法、影响因素等方面还存在一些不足，在此一一进行说明。

（1）研究内容方面。本研究的目的是基于当前语文教学改革、新时期学生核心素养培养、以图画书等为载体的图像语言以及多模态教学理念逐渐被重视等背景下，选取语文阅读这一重要内容，分析将图像语言融入阅读教学的可行性及其是否能够提升小学生语文阅读能力。因此，本研究重点关注图像语言教学和小学生的语文阅读能力。在对此进行深入研究的同时，无法兼顾其他学段学生能力的测量，以及考虑与语文阅读相关的其他影响因素。

（2）测量素材选取方面。在语文阅读能力测量方面，本研究以图画书文本为素材，基于文本包含文字和图片等内容，将语文阅读能力划分为文学类文本理解能力和信息类文本理解能力。由于研究使用PIRLS试题作为测量材料，分别用于实验前测、实验中测、实验后测，因此，笔者基于此进行了一些重复测量分析。鉴于本研究的整体性和有效性，笔者并没有在本研究中进行外延性扩展研究，而是向内进行深入探索。

（3）阅读能力的划分。为进一步分析图像语言教学对学生文本理解能力的影响，笔者根据国际阅读素养即PIRLS的内容，将文本理解能力划分为文学类文本理解能力和信息类文本理解能力，并进行了深入分析和讨论。也有学者提出，PIRSL的考查目标在于了解学生获取信息、解释文本、反思与评价的能力，因此，根据PIRLS材料又可以考查学生的信息快速定位能力、联想推理能力、阐释整合能力和表达评鉴能力。笔者已经关注到这一内容，并认同该观点。由于图像语言教学目前还未能独立形成与语文阅读教学同等级的教学方法，因此，本研究作为图像语言融入阅读教学的初步探索，仅根据PIRLS材料的文字类型进行文学类和信息类两类文本理解能力的划分。

（4）研究方法方面。本研究主要测量图像语言教学对小学生的语文阅读能力的影响。为了更深入地进行分析，本研究借鉴已有文献，选取实验法为主要研究方法和手段，通过设置实验组、对照组分别进行实验前测、中测和后测以获取实验数据，通过重复测量方差分析法分析实验组学生和对照组学生的语文阅读能力（文学类文本理解能力、信息类文本理解能力）在不同测量阶段的变化情况；通过配对样本 t 检验分析学生的语文阅读能力（文学类文本理解能力、信息类文本理解能力）在实验前测、中测和后测中是否存在差异，以及存在怎样的差异；通过独立样本 t 检验分析不同基础成绩的学生是否在实验干预中存在差异。同时，为了进一步测量教师和学生在实验前后及实验过程中对图像语言的认识，以及在语文阅读教学和学习过程中发现的问题等内容，本研究以问卷法、访谈法为辅助研究方法获取材料。同时，虽然本研究的主要价值不在于研究方法的创新，但笔者力求根据每个部分的研究目的采用较为科学的研究方法以保障数据分析的规范性和科学性。

（5）学生层次选择方面。已有研究表明，儿童的成长阶段是对其进行阅读培养的一个重要转折点，这是从"学习阅读"到"从阅读中学习的过渡期"[①]。从小学四年级开始，对学生阅读语言的能力和认知要求都在一定程度上提高了，学习过程中所需词汇和文本内容变得更为抽象和复杂。这个阶段，阅读的目的不再是单纯的学习阅读，而是通过阅读掌握知识后能够进行自我学习（祝新华，2015）。因此，在此重要的转折阶段，对阅读进行图像干预更为有意义。然而，本实验对不同年级、年龄的学生可能有不同的效果，因此，本研究未能推及所有年级学生的学习效果。

（6）实验对象抽样方法方面。科学的抽样方法使得笔者选取的研究样本可被用来从侧面衡量样本整体情况。然而，由于我国学生数量众多，分布地区较广，各地区教学水平和教学条件也存在差异性。因此，如果使用概率抽样方法从全国每个地区获取样本，则学生的背景和特征差异性显著，后续的干预结果可能受到很多因素的影响（如家庭条件、性格、过往经历等）。

福建省的教育处于中等水平。因此，选取该地区作为实验对象具有普遍性和适用性。此外，福建省作为沿海省市和华侨、华人人数众多的省份之一，拥有其独特的条件。当前，很多华人华侨通过捐赠、回国等方式支持家乡发展，使福建省的教育资源得到提升。随着华人华侨的归乡，他们不仅带回了很多教育资金和教育资源，而且带回了很多国外的教育理念，其中就包括儿童的教育方式方法和教育培养模式。而西方引导式教学及图画书的流行，为图像语言教育理念进入我

---

① Chall（1996）将人类从出生至成人的阅读发展分成六个阶段，（1）出生到六岁（一年级）称为前阅读期；（2）小学一、二年级为识字期；（3）小学二、三年级为流畅期；（4）小学四年级到初中二年级为透过阅读学新知期；（5）初三到大学阶段为多元观点期；（6）大学阶段以后为建构与重建期。总结起来，可以把儿童阅读能力发展分为"阅读前""学习阅读"和"从阅读中学习"三个阶段。

国小学语文教育提供了可能。因此，作者选取福建省厦门市两所小学（两个城镇小学），每个小学各两个班级，分别作为实验组和对照组。鉴于课程教学的紧迫性和自愿性原则，以及实验的严格要求，笔者在有限的时间内，只获取了四个班级的教师和学生的同意。其中，实验需要尽可能在一个学校选取两个基础条件包括教师教学水平、学生基础成绩、教学进度、教学环境和条件等相似的班级。因此，笔者尽可能地选取教师水平相似（原则上，实验组和对照组班级教师为同一个人最佳，但因条件限制只能选择教师教学背景、经验相似的班级）、学生基础成绩相似（原则上是基础成绩差异较小，可以克服因为基础成绩不同而对实验的影响，笔者在实验中通过计量分析测量成绩增长幅度而不是成绩高低来规避基础成绩的影响）等。

（7）学校选择方面。本研究并未选取乡村小学作为研究对象，一是因为目前乡村教学条件有限，教学模式还处于紧跟传统教学模式的发展阶段，要对其进行相对前沿的教学模式，研究结果可能并不显著；二是因为乡村小学学生的基础成绩、教师的教学水平与城镇小学学生的基础成绩、教师的教学水平等都存在较大差异，故不能代表所有学校的情况。

（8）实验干预周期方面。分析将图像语言融入阅读教学的实验成效，需要一个较为长期的过程。本研究的实验周期为一学期（以单元为单位，每个单元干预一次，一共干预八个单元），同时，鉴于测量素材的适用范围，分两个阶段并进行实验前测、中测和后测。实验结果表明图像语言干预实验虽然在第二阶段得到了较好的结果，但笔者认为这种图像语言教学的正面作用不仅体现在语文阅读成绩的提升，还可能体现在其他社会生活方面。然而，由于条件限制，无法进行长久跟踪调查和进一步验证图像语言教学的长期影响效果。

综上所述，实验法研究的重点是关注核心因素对实验结果的影响，而实验法的难点在于如何尽可能地规避其他非实验关注因素对实验过程和实验结果的影响。此外，由于本研究需要进行实验组和对照组在多个阶段的对比研究，因此，笔者重点加入了时间因素和学生基础成绩因素对实验结果的影响，以尽量保证实验结果的有效性。

二、研究展望

（一）扩大图像语言教学干预的规模

由于资源所限，本研究只能在两所学校的100多名学生中进行教学实验干预，干预时间亦不算长。未来可扩大研究对象，针对不同地区、不同年级的学生。不同年级的学生各有其在不同阶段的特质，如有可能，图像语言的课程设计应从小学阶段一年级起始直至六年级，要将图像语言有效地融入小学语文学科教学，必须同时考虑课程的连续性与完整性。截至目前，全国各地虽然逐渐重视视觉素养在语文学科的作用，也相继设立了一些与图像语言教学相对应的课程和研究项目，但这些课程和研究项目为数不多且缺乏有效的实证研究作为支撑，这方面在未来仍有待研究者们继续承接发展。

（二）深化对语文教学中图像语言教学内容与策略的研究

本研究采用的是融入式教学模式，由整体的课程设计、课堂氛围到具体的教学策略、教学活动构成，从实验的结果来看，是有一定的正向影响的。但就个别阅读教学活动对图像语言的具体效度，仍可做进一步研究。例如，在教学内容方面，可以PIRLS阅读四大能力为导向，结合图像语言叙事，进一步分析图2－2图画中的图像语言教学框架在阅读语篇中的应用。在学习策略方面，教师普遍认识不足，教育部门虽大力提倡并开设各类工作坊与教师培训课程，但在教师如何教授以及运用何种图像语言的阅读策略进行教学对发展学生的思维最有效，具体教学过程应如何进行等方面均有待进一步研究。多模态文本与语文教学亦是现今教育的热门话题，教育部门鼓励学校重视视觉素养在语文学习中的作用，深入了解多模态文本在语文教学中的作用与优势，但在数字时代的语文教学中，如何高效运用多模态文本以及这些教学活动对不同年级的学生有什么成效，教师和学生如何配合语文阅读学习等方面都是课堂具体运作的研究内容，都可成为研究者日后深入剖析的研究方向与课题。

（三）进一步实行跨学科交叉设计

以一个学科为中心，联系其他学科开展共同研究合作设计的跨学科教学具有一定的应用实践价值，因此，在图像语言教学的课程设计中，可在语文与美术学科之间做跨学科双线交叉设计的进一步探索。图像语言教学一方面有利于培养学生的审美能力，另一方面有利于培养学生的阅读能力，在语文与美术学科的融合下，有利于课程资源的最大化利用。从课程本身的特性来看，虽然语文学科以文字为主、美术学科以图画为主，但我们仍应基于图像与文字各自的特点进行探索，使图像阅读与文本阅读相辅相成，互补共赢。语文学科和美术学科有一定的互通性，也具有相似的审美观，语文阅读文本在图像中能将内容更加形象地展示出来，使学生在画面感的驱动下进行更深层次的感知；美术图像作品则需要一定的文字语言表达帮助学生加深对艺术作品的理解能力和形象塑造能力。例如，在特定时代背景或历史背景下，画作的展现形式等。因此，在实行跨学科双线交叉设计时，可以从语文教学实践出发，以阅读教学的现状和图像阅读对学生的实际影响为依据，通过比较图像与文字两种不同符号的特点来进行教学设计。语文与美术的跨学科融合历来备受教育学界的关注，但关于如何以图像语言作为二者的桥梁，运用图像资源促进学生课内外阅读，如何优化课堂教学以及提高实际教学效果的路径，还需要进一步探索。

第五章　总　结

随着科技的发展，信息和知识的传播途径日益增多，图像的作用不断突显。因此，对学生语文阅读能力的培养也不应局限于文字阅读，掌握良好的图像阅读能力能够帮助学生更快、更好地理解文字和图像信息的意义。以学生语文阅读为研究对象，通过分析将图像语言融入教学成效，探索图像语言教学对学生的阅读能力的作用，具有重要的理论价值和实践意义。

本研究主要回答两个问题：一是将图像语言融入阅读教学的成效；二是不同基础成绩的学生在图像语言教学前后是否存在差异性表现。为了回答上述问题，笔者将本研究划分为四个部分。首先是文献回顾和理论分析，通过文献回顾厘清符号、图像、语言之间的关系，介绍图像语言的主要内涵和特征等。其次，通过实验法，结合实际情况进行实验设计。再次，进一步对实验结果和数据进行分析，验证将图像语言融入阅读教学的成效，并进一步提出在教学时可以改善的地方。最后，在此基础上进行总结并提出对策建议，以回答当前教师和学者提出的语文阅读教学面临的问题，助力语文学科阅读教学的长远发展。

本研究通过文献梳理和理论分析发现，当前社会的语言形态正向书面语言、口头语言和视像语言三足鼎立的态势迈进。因此，从语文学科的阅读教学出发，重视加强图像语言的教学，充分利用教材中有价值的插图，使其辅助文字语言，从而提高学生的阅读理解能力，具有重要的意义。从符号学视角来看，图像是一种充满多意义层次的符号，可从"图像语言"的层级结构来进行探究；同时，图像又是一种语言，是承载信息的主要媒介，故研究图像规则和规律就是研究图像语言。因此，从符号学视角来分析图像语言的概念，探究图像语言的基本造型元素、最小象形单位以及最小意义单位等内容，不仅是为了解码和分析，更重要的是在其图像符号层级系统理论上建构一个更为理性的、科学的识读图像的规范与规则。此外，图像具有一定的系统性和习得性，可以通过训练与学习，掌握其规律和规则。这就为小学语文阅读课程引入图像语言教学提供了可能，即通过图像语言融入阅读教学可以帮助学生更理性、科学地识读图像，提升学生的语文阅读能力。文献综述显示，在不同时代背景下，符号、语言、图像的关系和价值可能存在差异。因此，在当前信息科技时代，符号、图像和语言之间可能存在不同的关系，它们在教学中的实际应用和表现也犹未可知。

已有研究表明，图画书所体现的学科综合性与复杂性使得各个学科都将其作为教学资源引入课堂。图画书对语文教学课堂上的作用不仅在于学习文本叙事，还在于以独特的结构将文本与图像的叙事进行完美结合，从而碰撞出更多的信息流。图画书里的文字不只是提供学生学习语言的表达或故事结构的设计；图画书中图画的作用也不只是激发学生的阅读能力。由于图画书中的图画与文字既相互限定又相互补充的特性，二者有相似功能，但其本质内涵与学习方法又有很大不同，因此，本研究致力于图像语言更进一步的探索，从而使文字语言和图像语言更好地融合，则更加有意义。

现有研究探讨了图像、视频或图画书等图像语言载体的使用对学生阅读能力的影响以及将图像语言融入阅读教学的常用策略。但较多研究者在进行相关研究时更多地采用观察法、问卷调查法以及行动研究法等，较少研究者采用实验法进行实验干预或长时间跟踪研究。同时，在少数的实验法研究中，研究者大多通过采取与图像语言教学相关的单一策略进行为期2～3周的短期干预。

此外，通过文献梳理和综述发现，已有研究通过观察法、访谈法以及实验法探索了图文结合模型、图画书等在教学课堂的应用。因此，基于已有研究的文献综述和目前汉语语文教学的实际情况，本研究主要采用为期5个月的实验法进行研究，并辅助以问卷调查法、访谈法以及计量模型等测量将图像语言融入阅读教学的成效，以保证研究结果的可靠性，并结合前人研究结果，最终提出研究建议。

　　本研究尝试将"多模态"教学方法应用于语文阅读教学中，以促使和帮助学生调动多种感官进行语文阅读。本研究主要采用图画书作为图像教学的辅助教材，通过对图画书中图像语言的内涵及特征进行全面梳理，建构图像语言与文字语言双线融合的教学策略，采用"前测和后测——实验组和控制组"的准实验设计，透过教学实验，验证图像语言教学在小学图画书阅读课程中的成效，拟根据理论和实验结果，提出对小学语文阅读教学及其持续实践和研究方向的建议。

　　为了测量学生的阅读能力，基于文献搜索和部分学者的建议，本研究选取 PIRLS 作为测量材料。PIRLS 对阅读能力的评量标准是以学生的思维层次为焦点的，需要学生在阅读过程中从直接提取的文本信息出发，逐渐进行预测及推论，再过渡到整合与评价。对阅读能力要求的逐层提高，是从低层次阅读能力逐步到高层次阅读能力的评量设计。

　　在实验设计中，为了规避非实验因素对实验结果的影响，笔者特别关注研究对象选择、实验工具选取、课堂教学设计、实验进度安排和实施等内容。实验工具的选择需要具有针对性和科学性，因此，基于已有研究和素材进行的实验干预，其效果才具有可靠性。课堂教学设计包括图像语言教学内容、图像语言的教学组织、图像语言的教学测量以及图像语言教学的教师培训。这些都是确保实验结果有效性的基本保障要素或环节。针对实验的安排和实施需要结合研究对象的实际情况进行及时调整，可规避非实验因素对实验结果的影响。

　　为了检验将图像语言融入阅读教学的成效，以及不同基础成绩的学生在图像语言教学前后是否存在差异性表现，笔者以实验法为主要研究方法和手段，通过设置实验组、对照组并分别进行实验前测、中测和后测来获取实验数据；通过重复测量方差分析法分析实验组、对照组学生的语文阅读能力（文学类文本理解能力、信息类文本理解能力）在不同测量阶段的变化情况；通过配对样本 t 检验分析学生的语文阅读能力（文学类文本理解能力、信息类文本理解能力）在实验前测、中测和后测中是否存在差异，以及存在怎样的差异；通过独

立样本 t 检验分析不同基础成绩的学生在图像语言教学对小学语文阅读能力的影响上是否存在差异。同时，为了进一步测量教师、学生在实验前后和实验过程中对图像语言的认识，以及在语文阅读教学和学习过程中发现的问题等，本研究通过问卷法、访谈法等辅助研究方法获取相关材料。

此外，本研究主要探索图像语言教学对学生语文阅读能力的影响，并同时考察时间因素、基础成绩对上述关系的影响，因此，本研究对每个假设分别从时间因素、实验干预、基础成绩单因素，时间因素、实验干预两因素交互项，时间因素、基础成绩两因素交互项，基础成绩、实验干预两因素交互项，以及时间因素、实验干预、基础成绩三因素交互项等方面分析对学生文本理解能力（包括文学类文本理解能力和信息类文本理解能力）的影响。

研究结果显示：①总体来看，学生的文本理解能力（文学类文本理解能力和信息类文本理解能力）受到时间因素的影响。②学生的文本理解能力和信息类文本理解能力受到图像语言干预因素的影响显著，而学生文学类文本理解能力受到图像语言干预因素的影响不显著。③基础成绩对学生的文本理解能力、文学类文本理解能力和信息类文本理解能力的影响显著。④时间因素和实验干预对学生的文学类文本理解能力的作用产生影响，而对学生的文本理解能力和信息类文本理解能力的影响不显著。⑤时间因素和基础成绩对学生的文本理解能力、文学类文本理解能力和信息类文本理解能力的影响显著。⑥基础成绩和实验干预对学生的文本理解能力、文学类文本理解能力和信息类文本理解能力的影响不显著。⑦时间因素、实验干预和基础成绩对学生的文学类文本理解能力的影响显著，对学生的文本理解能力和信息类文本理解能力的影响均不显著。

总体而言，将图像语言融入阅读教学，可以提升学生的文本理解能力；并且，不同基础成绩的学生，其文本理解能力提升程度存在一定的差异性。具体而言，在此实验中，学生的文本理解能力（包括文学类文本理解能力和信息类文本理解能力）受到时间因素的影响，并且学生的成绩是上升的。此外，图像语言教学可以提升学生的文本理解能力，其中，图像语言教学对学生的信息类文本理解能力提升显著，而对学生的文学类文本理解能力提升不显著。同时，不同基础成绩的学生，其文本理解能力（包括文学类文本理解能力和信息类文本理解能力）提升速度存在差异性。其中，成绩越好的学生，其文本理解能力（包括文学类文本理解能力和信息类文本理解能力）也越强。

最后，本研究通过进一步分析发现，图像语言教学对学生的文本理解能力的作用不随时间的变化而变化。其中，图像语言教学对学生的文学类文本理解能力的作用会随时间的变化而变化，但图像语言教学对学生的信息类文本理解能力的作用不随时间的变化而变化，这可能是图像语言教学对学生的文本理解能力的作用不随时间的变化而改变的原因之一。此外，图像语言教学对学生的文本理解能力（包括文学类文本理解能力和信息类文本理解能力）的作用受到基础成绩的影响不显著。

分析时间因素、实验干预和基础成绩对学生文本理解能力（包括文学类文本理解能力和信息类文本理解能力）的交互作用发现：①时间因素、实验干预和基础成绩对学生的文本理解能力的影响不显著，即实验干预对于不同基础成绩学生的文本理解能力的作用不会随着时间的变化而变化；②时间因素、实验干预、基础成绩对学生的文学类文本理解能力的影响显著，即实验干预对不同基础成绩学生的文学类文本理解能力的作用会随着时间的变化而变化；③然而，时间因素、实验干预和基础成绩对学生的信息类文本理解能力的影响不显著。这说明实验干预对不同基础成绩学生的信息类文本理解能力的作用不会随着时间的变化而变化。最终，时间因素、实验干预和基础成绩对学生的文本理解能力的影响不显著。因此，可以说，时间因素和基础成绩对学生的文本理解能力的影响不会因为实验干预而产生差异。至此，本研究的问题得到解答。

本研究的数据分析和研究结论具有以下理论和实践意义。

（1）本研究结果延伸了图画书在学生阅读领域的作用。已有研究表明，图画书所体现的学科综合性与复杂性使得各学科可以将其作为教学资源引入课堂。图画书在阅读课堂上的作用不仅在于学习文本叙事，还在于其以独特的结构将文本与图像的叙事进行完美结合，从而碰撞出更多的信息流。本研究结果表明，图画书在语文学科上的价值不仅可以用来辅助学生阅读，还可以通过图像语言的基本造型元素、最小象形单位以及最小意义单位等内容在其图像符号层级系统理论上建构一个更为理性、科学的识读图像的规范与规则。这种多模态教学可以为学生提供新的文本理解思路、视角和途径，帮助学生学习新理念，从而提升学生的阅读能力。

（2）本研究结果探索和验证了将图像语言融入阅读教学以提升多模态教学的可行性。阅读是开阔眼界、搜集信息、学习知识、发展思维、培养情操的重要途径之一。《关于全面深化课程改革落实立德树人根本任务的意见》（2014）提出要制订适应各学段学生发展的核心素养体系。语文阅读的核心要素不仅传授学生文字语言及其所蕴含的意义，还应传授学生多重视角的思维方法和思考方法。如果能够结合文字、图片、图像、音频、视频、行为等多重材料进行多模态系统教学，不仅能让学生从多层面、多角度、多视角进行语文阅读，还能帮助学生学会思考，甚至进行批判性阅读；不仅能增强学生的理解能力，还能够从视觉、触觉、听觉等多方面培养学生的多元智能，进而帮助学生提升数学阅读、英语阅读等其他学科的阅读能力。

（3）研究结果表明，不同基础成绩的学生，图像语言教学对其阅读能力的影响存在差异性。这一研究结果证明和验证了图像语言教学可以有效帮助不同阶段的学生，有针对性地采取干预措施，通过因材施教，基于学生的不同基础条件，给予图片、图像等辅助素材的多模态教学，引导和开发学生从多层面、多角度、多视角进行阅读学习，可以帮助学生构建思考和分析框架，增强学生的理解能力，从视觉、触觉、听觉等多方面培养学生的语言智能等多元智能。综上所述，图像语言教学可以辅助语文阅读教学，并对不同基础成绩的学生产生差异性的影响，提升学生的语文阅读能力。本研究结果不仅验证了将图像语言融入阅读教学以进行多模态教学的可行性，还进一步验证了将图像语言融入阅读教学以提升学生语文阅读能力的具体路径，有助于针对不同基础成绩的学生采取差异化、个性化的教学，提升他们的阅读能力。

参考文献

（一）中文参考文献

[1] 阿恩海姆. 视觉思维：审美直觉心理学［M］. 滕守尧，译. 北京：光明日报出版社，1987.

[2] 阿恩海姆. 艺术与视知觉：视觉艺术心理学［M］. 滕守尧，朱疆源，译. 北京：中国社会科学出版社，1984.

[3] 阿恩海姆. 视觉思维：审美直觉心理学［M］. 滕守尧，译. 成都：四川人民出版社，1998

[4] 艾珂. 符号学理论［M］. 卢德平，译. 北京：中国人民大学出版社，1990.

[5] 埃诺. 符号学简史［M］. 怀宇，译. 天津：百花文艺出版社，2005.

[6] 袁宏. 目的论视角下的儿童绘本翻译［J］. 湖北第二师范学院学报，2013（11）：125－127.

[7] 鲍德里亚. 拟像与仿真［M］. 格拉斯，译. 密歇根州：密歇根大学出版社，1994.

[8] 博柏格森. 视觉沟通的方法［M］. 陈芳谊，译. 台北：大雁文化事业股份有限公司，2013.

[9] 曹晖. 视觉形式的美学研究［M］. 北京：人民出版社，2009.

[10] 巢宗祺. "五个强化"：语文课程标准新视角［J］. 教育科学论坛，2012（4）：11－13.

[11] 巢宗祺. 对《义务教育语文课程标准（2011年版）》几个热点问题的解析［J］. 小学语文教学，2012（13）：4－7.

[12] 常立，严利颖. 让我们把故事说得更好：图画书叙事话语研究

　　［M］．桂林：广西师范大学出版社，2017．

［13］陈怀恩．图像学：视觉艺术的意义与解释［M］．石家庄：河北
　　美术出版社，2011．

［14］陈千雪．视觉文化语境下插画图像语言在书籍封面设计中的应
　　用［J］．艺术与设计（理论），2021，2（8）：42－44．

［15］陈世明．图像时代的早期阅读［M］．上海：复旦大学出版
　　社，2008．

［16］陈夏兰．关注图像语言　培养读图能力［J］．名师在线，2019
　　（19）：56－57．

［17］陈宗明．符号世界［M］．武汉：湖北人民出版社，2004．

［18］褚颖．经典英文绘本与高校英语教学效率［J］．北方文学：下，
　　2011（11）：2．

［19］董卫星．视觉形态语义［M］．上海：上海大学出版社，2007．

［20］董文明．3－6岁儿童的隐喻认知及其教育应用研究［D］．浙江
　　大学，2014．

［21］范丽军．文化互补与融合视角下的语言耗损研究［J］．哈尔滨
　　师范大学社会科学学报，2015，6（2）：90－92．

［22］范玲．多模态理论视角下大学英语教学的改革［J］．教育探索，
　　2013（7）：71－72．

［23］方伟平．享受图画书：图画书的艺术与鉴赏［M］．北京：明天
　　出版社，2012．

［24］章伟民．视觉文化的符号特征［J］．外语电化教学，1989（2）：
　　22－23．

［25］冯德正．视觉语法的新发展：基于图画书的视觉叙事分析框架
　　［J］．外语教学，2015，36（3）：23－27．

［26］高晓妹．汉语儿童图画书阅读眼动研究［D］．华东师范大
　　学，2009．

［27］贡布里希．象征的图像：贡布里希图像学文集［M］．杨思梁，
　　译．上海：上海书画出版社，1990．

［28］贡布里希．艺术与错觉：图画再现的心理学研究［M］．范景

中，林夕，李本正，译. 杭州：浙江摄影出版社，1987.

[29] 贡布里希. 艺术与错觉：图画再现的心理学研究［M］. 林夕，李本正，范景中，译. 长沙：湖南科学技术出版社，1999.

[30] 顾明远. 教育大辞典：增订合编本［M］. 上海：上海教育出版社，1998.

[31] 管林初. 心理学大辞典［M］. 上海教育出版社，2005.

[32] 郭成，高淳海，郑雁鸣，等. 论语文阅读的内涵与理念［J］. 山东教育学院学报，2011，26（1）：22 – 27.

[33] 郭洁. 青花瓷汾酒酒瓶设计中的多模态隐喻研究［J］. 酿酒，2022，49（2）：133 – 136.

[34] 海德格尔. 林中路［M］. 孙周兴，译. 上海：上海译文出版社，2004.

[35] 郝广才. 好绘本如何好［M］. 北京：新星出版社，2016.

[36] 韩丛耀. 图像的传播形态及场域研究［J］. 中国出版，2014（22）：11 – 14.

[37] 韩丛耀. 图像：一种后符号学的再发现［M］. 南京：南京大学出版社，2008.

[38] 韩丛耀. 图像与语言符号的关系辨析［J］. 中国出版，2010（6）：23 – 25.

[39] 韩丛耀. 图像符号的特性及其意义解构［J］. 江海学刊，2011（9）：2018 – 214.

[40] 韩映虹，刘妮娜，王佳，等. 5～6岁幼儿在不同阅读方式下阅读图画书的眼动研究［J］. 幼儿教育，2011（Z3）：46 – 51.

[41] 和学新. 教学策略的涵义、结构及其类型［J］. 教学与管理，2005（2）：5 – 7.

[42] 胡乔木. 中国大百科全书：教育［M］. 北京：中国大百科全书出版社，1985.

[43] 胡易容. 图像符号学：传媒景观世界的图式把握［M］. 成都：四川大学出版社，2014.

[44] Bateman J，陈瑜敏.《多模态与语篇体裁：书面多模态语篇系统

分析的基本原则》述介 ［J］. 当代语言学，2010，12（3）：282－284.

［45］金磊磊. 幼儿图书（3岁～6岁）的图像语言信息研究 ［J］. 科技传播，2012，4（19）：80－81.

［46］金双娇. 高中化学图像语言理解现状的调查分析 ［D］. 华中师范大学，2016.

［47］金玉权. 图像语言在高中物理教学中的应用研究 ［D］. 哈尔滨师范大学，2018.

［48］康长运. 幼儿图画故事书阅读过程研究 ［M］. 北京：教育科学出版社，2007：191.

［49］康长运，唐子煜. 图画书本质特点研析 ［J］. 大学出版，2002（2）：29－32.

［50］豪厄尔斯. 视觉文化 ［M］. 葛红兵，译. 桂林：广西师范大学出版社，2011.

［51］李虹，伍新春，张洁，等. 不同形式分享阅读对儿童字词学习和阅读动机的长期影响 ［J］. 教育学报，2010，6（5）：89－95.

［52］李建军. 小学语文阅读教学探索的路向及启示 ［J］. 教学与管理，2011（2）：27－29.

［53］李可心. 多模态在语文教学中的应用：以故都的秋为例 ［J］. 散文百家，2019（3）：63.

［54］李林慧. 学前儿童图画故事书阅读理解发展研究 ［D］. 华东师范大学，2011.

［55］李丽娟. 多模态隐喻与企业文化记忆构建 ［J］. 人民论坛，2021（35）：76－78.

［56］李全华，李莉，朱良. 儿童读物插图艺术 ［M］. 杭州：浙江大学出版社，2008.

［57］李泗. 多模态话语分析视角下《美丽中国》中国形象建构研究 ［D］. 湖南工业大学，2021.

［58］李文龙. 发展性阅读障碍儿童汉字加工的神经机制 ［D］. 深圳

大学，2020.

[59] 李晓朴. 摭谈高中物理教学中图像语言的应用［J］. 中学物理教学参考，2019，48（10）：37.

[60] 刘宝根. 4－6 岁儿童图画书阅读中文字意识发展的眼动研究［D］. 华东师范大学，2011.

[61] 刘和海. 符号学视角下的"图像语言"研究［D］. 南京师范大学，2017.

[62] 刘晋晋. 反符号学视野下的语词与形象：以埃尔金斯的形象研究为例［J］. 美术观察，2014（2）：135－141.

[64] 刘晶晶. 小学语文阅读能力标准与学业评价的一致性研究［D］. 华中师范大学，2015.

[65] 刘少英，葛列众，朱瑶. 4～6 岁幼儿颜色偏好实验研究［J］. 心理科学，2004（3）：669－670.

[66] 刘治贵. 无声的对话：美术欣赏与研究［M］. 重庆：重庆出版社，1993.

[67] 刘思玉. 中班幼儿图画书自主阅读行为研究［D］. 河北大学，2018.

[68] 刘晓荷. 图像时代语文阅读教学的可视化转向研究［D］. 西南大学，2020.

[69] 罗士琰，宋乃庆，王雁玲. 基于实证的小学语文阅读素养研究：内涵、价值及表现形式［J］. 中国教育学刊，2016（10）：77－83.

[70] 吕志敏，董晶晶. 基于绘本在小学语文教学中运用策略的思考［J］. 新西部，2018（8）：150－151.

[71] 马鹰，马若贤. 绘画作品欣赏中的场景效应眼动研究［J］. 心理学探新，2016，36（6）：514－519.

[72] 孟建. 视觉文化传播：对一种文化形态和传播理念的诠释［J］. 现代传播，2002（3）：1－7.

[73] 苗松. 基于幼儿视角的图画书阅读研究［D］. 山东师范大学，2021.

［74］米歇尔. 图像理论［M］. 陈永国，胡文征，译. 北京：北京大学出版社，2006.

［75］邦. 视觉游戏［M］. 卫俊，译. 长沙：湖南美术出版社，2018.

［76］闵兰斌. 3—6 岁儿童故事图式建构特征的发展研究［D］. 华东师范大学，2007.

［77］古德曼. 艺术语言［M］. 褚朔维，译. 北京：光明日报出版社，1990.

［78］潘诺夫斯基. 视觉艺术的含义［M］. 傅志强，译. 沈阳：辽宁人民出版社，1987.

［79］诺德曼. 阅读儿童文学的乐趣［M］. 刘凤芯，译. 台北：天卫文化图书公司，2000.

［80］诺德曼. 话图：儿童图画书的叙事艺术［M］. 杨茂秀，黄梦娇，严淑女，译. 台东：财团法人儿童文化艺术基金会，2010.

［81］彭桂容. 中大班幼儿图画书阅读动机与阅读能力及教学策略研究［D］. 天津师范大学，2012.

［82］彭彦. 高中生多重读写能力教学设计研究［D］. 中央民族大学，2021.

［83］彭懿. 图画书：阅读与经典［M］. 南昌：二十一世纪出版社，2006.

［84］秦月. 绿洲还是滩涂？：论小学低年段绘本阅读教学的利与弊［J］. 语文教学通讯·D 刊（学术刊），2020（10）：11－12.

［85］邱明正. 审美心理学［M］. 上海：复旦大学出版社，1993.

［86］任亚娜. 儿童文学［M］. 西安：西北工业大学出版社，2010.

［87］麦克布雷尼，婕朗. 猜猜我有多爱你［M］. 济南：明天出版社，2013.

［88］夏平. 绘本中图像与文字之间的关系［J］. 出版科学，2016，24（2）：36.

［89］松居直. 幸福的种子［M］. 刘涤昭，译. 济南：明天出版社，2007.

［90］松居直. 我的图画书论［M］. 郭雯霞，徐小洁，译. 上海：上

海人民美术出版社，2009.

[91] 苏雅珍. 儿童读本结合全语言阅读教学与鹰架学习概念运用于国小国语文课程［J］. 台湾教育，2013（682）：28－32.

[92] 苏玉婷. 基于多模态话语分析理论的教材插图编用研究［D］. 四川师范大学，2021.

[93] 孙茜. 经典英语绘本对提高高职英语教学效率的作用［J］. 湖北科技学院学报，2013，33（8）：124－125.

[94] 孙倩倩. 面向图文阅读能力培养的小学语文绘本教学研究［D］. 上海师范大学，2020.

[95] 孙兴华，薛玥，武丽莎. 未来教师专业发展图像：欧盟与美国教师核心素养的启示［J］. 教育科学研究，2019（11）：87－92.

[96] 唐萱，姚永强. 部编本小学语文教材插图的特点及教学应用［J］. 教学与管理，2018（14）：54－56.

[97] 王蕾. 基于多模态隐喻整合模型的国际化品牌名研究［D］. 东华大学，2016.

[98] 王铭玉. 符号学与语言学［M］. 北京：高等教育出版社，2005.

[99] 王铭玉. 符号的性质及对话理论：巴赫金思想研究［J］. 外语学刊，2010（6）：151－155.

[100] 王默根，王建斌. 视觉形态设计思维与创造［M］. 北京：机械工业出版社，2011.

[101] 王树人. 中国哲学与文化之根："象"与"象思维"引论［J］. 河北学刊，2007（5）：21－25.

[102] 王亚军. 多模态PPT在高中语文课堂中的设计与应用研究［D］. 北京工业大学，2020.

[103] 温儒敏. 义务教育语文课程标准（2011年版）解读［M］. 北京：高等教育出版社，2012.

[104] 翁晓翠. 图像阅读语境下的中学语文阅读教学研究［D］. 华中师范大学，2021.

[105] 毋小利. 视像语言背景下图像文本创作的语文教学价值［J］.

教学与管理，2013（28）：46－49.

［106］吴丽芳. 谈新课程理念下学生图像语言开发策略［J］. 中学生
物学，2008，24（7）：59－60.

［107］吴履平. 20 世纪中国中小学课程标准·教学大纲汇编：外国
语卷（日语）［M］. 北京：人民教育出版社，2001.

［108］吴履平. 20 世纪中国中小学课程标准·教学大纲汇编：语文
卷［M］. 北京：人民教育出版社，2001.

［109］武娟. 英语绘本在初中英语阅读教学中的应用研究［D］. 延
安大学，2020.

［110］王泉根. 儿童文学教程［M］. 北京：北京师范大学出版
社，2009.

［111］王志军，温小勇，施鹏华. 技术支持下思维可视化课堂的构建
研究：以小学语文阅读教学为例［J］. 中国电化教育，2015
（6）：116－121.

［112］夏家顺，荣维东. 媒介语言：语文课程语言类型的新变化
［J］. 课程·教材·教法，2008（11）：25－29.

［113］肖伟胜. 图像的谱系与视觉文化研究［J］. 学术月刊，2012，
44（10）：109－116.

［114］解兰. 论数字媒体艺术的图像语言表现［J］. 大众文艺，2016
（17）：87－89.

［115］谢锡金，林伟业. 提升儿童阅读能力到世界前列［M］. 北京：
北京师范大学出版社，2013.

［116］熊峰. 浅析新闻报道中的"图像"语言［J］. 新闻研究导刊，
2016，7（3）：52.

［117］徐汝智. 美学与小学语文教学［M］. 南京：河海大学出版
社，1998.

［118］徐心懿. 视觉语法框架下信息流广告的多模态话语分析［D］.
厦门大学，2019.

［119］徐艳波. 视觉文化时代初中语文图像阅读教学的策略研究
［D］. 鲁东大学，2014.

［120］拉康，鲍德里亚. 视觉文化的奇观：视觉文化总论［M］. 吴琼，编译. 北京：中国人民大学出版社，2005.

［121］杨进红. 语文阅读教学审美体验研究［D］. 西南大学，2010.

［122］杨向荣. 读图时代图画书出版及其反思［J］. 中国出版，2020（2）：26－29.

［123］杨迪，王晓环. 基于多模态理论和3-Class教学模式的大学英语课件研发与思考［J］. 教育探索，2013（5）：137－138.

［124］俞建章，叶舒宪. 符号：语言与艺术［M］. 上海：上海人民出版社，1988.

［125］余志江. 刍议初中美术教学课件中的图像语言［J］. 新课程，2020（27）：111.

［126］汤森. 英语儿童文学史纲［M］. 王林，译. 长沙：湖南少年儿童出版社，2020.

［127］战海英. 多模态隐喻的应急语言能力研究［J］. 中国外语，2022，19（2）：47－53.

［128］张德禄. 多模态话语分析综合理论框架探索［J］. 中国外语，2009，6（1）：24－30.

［129］张德禄，丁肇芬. 外语教学多模态选择框架探索［J］. 外语界，2013（3）：39－46＋56.

［130］张德禄，王璐. 多模态话语模态的协同及在外语教学中的体现［J］. 外语学刊，2010（2）：97－102.

［131］张丰玲. 小学语文自主阅读教学策略研究［J］. 时代教育，2013（8）：218.

［132］张萍萍. 初中英语图画书教学策略初探［J］. 科技视界，2014（28）：250，342.

［133］张舒予. 视觉文化概论［M］. 南京：江苏人民出版社，2003.

［134］张舒予. 影像世界的两种范畴划分方法及其意义解析［J］. 电化教育研究，2011（1）：11－14.

［135］张晓艳. 统编本初中语文教材插图在阅读教学中的应用研究［D］. 山东师范大学，2021.

［136］赵伶俐. 审美概念认知：科学阐释与实证［M］. 北京：新华出版社，2004.

［137］赵慧臣. 图像教育化：教育中图像管理应用的新理念［J］. 现代教育管理，2009（12）：4-6.

［138］赵敬鹏. 文学与图像关系的理论建构及其符号学方法：评《艺术视野下的文字与图像关系研究》［J］. 中国文学研究，2022（1）：217-220.

［139］赵炎秋. 形象诗学［M］. 北京：中国社会科学出版社，2004.

［140］赵炎秋. 艺术视野下的文字与图像关系研究［J］. 文艺研究，2021（10）：58.

［141］曾华玲. 小学低段语文的绘本教学策略研究［D］. 华中师范大学，2018.

［142］杜南. 观赏图画书中的图画［M］. 宋佩，译. 台北：雄狮图画股份有限公司，2006.

［143］郑博真. 幼儿教师运用多元智能进行图画书教学之研究［J］.（台湾）幼儿保育学刊，2005（3）：57-80.

［144］中华人民共和国教育部. 全日制义务教育语文课程标准（实验稿）［M］. 北京：北京师范大学出版社，2011.

［145］中华人民共和国教育部. 教育部关于全面深化课程改革落实立德树人根本任务的意见［EB/OL］.（2014-04-08）［2023-04-08］http：//moe. gov. cn/scrsite/A26/jcj_ kcjcgh/201404/t2014b408_ 167226. html.

［146］周兢，刘宝根. 汉语儿童从图像到文字的早期阅读与读写发展过程：来自早期阅读眼动及相关研究的初步证据［J］. 中国特殊教育，2010（12）：64-71.

［147］周兢. 论早期阅读教育的几个基本理论问题：兼谈当前国际早期阅读教育的走向［J］. 学前教育研究，2005（1）：20-23.

［148］周利. 对儿童图画书研究文献的定量分析［J］. 出版广角，2012（12）：59-61.

［149］周宪. 视觉文化的转向［M］. 北京：北京大学出版社，2008.

［150］周宪. 文化表征与文化研究［M］. 北京：北京大学出版社，2007.

［151］朱从梅，周兢. 亲子阅读类型及其对幼儿阅读能力发展的影响［J］. 幼儿教育（教育科学版），2006（Z1）：89 - 94.

［152］朱蒨雯."多模态话语分析"视域下电影《霸王别姬》不同版本字幕中文化意涵的英译对比［D］. 浙江大学，2021.

［153］朱永海，张舒予. 知识视觉表征：知识可视化的实践途径［J］. 电化教育研究，2013，34（8）：17 - 23.

［154］朱永明. 视觉语言探析［M］. 南京：南京大学出版社，2011.

［155］朱永生. 多模态话语分析的理论基础与研究方法［J］. 外语学刊，2007（5）：82 - 86.

［156］祝新华. 促进学习的阅读评估［M］. 北京：人民教育出版社，2015.

［157］朱自强. 儿童文学概论［M］. 北京：高等教育出版社，2009.

［158］朱自强. 亲近图画书［M］. 济南：明天出版社，2011.

［159］蔺方梅. 借助绘本提高小学低年级学生语文阅读能力的策略［J］. 新课程研究，2023，645（5）：120 - 122.

［160］李秀红，静进，邹小兵，等. 汉语阅读障碍儿童的视空间即时加工能力研究［J］. 中国学校卫生，2008（06）：488 - 489 + 491.

（二）英文参考文献

［1］ADAMS M. Looking beyond the photographic image［J］. Visual resources，1987，4（3）：273 - 281.

［2］ALBERS P C, JAMES W R. Private and public images：A study of photographic contrasts in postcard pictures of Great Basin Indians, 1898 - 1919［J］. Visual anthropology，1990，3（2 - 3）：343 - 366.

［3］ALBERTS P C, JAMES W R. Travel photography：A methodological approach［J］. Annals of tourism research，1988，15（1）：134 - 158.

［4］ALBERTO P A, FREDRICK L D. Teaching picture reading as an enabling skill［J］. Teaching exceptional children，2000，33（1）：60 - 64.

［5］ ALTER J. Cleaning up signs in theatre andelsewhere ［M］ // JOHNEEELY and PREWITT T. Semiotics, 1991. Lanham, NY: University Press of America, 1991: 147 – 151.

［6］ APPLEBEE A N. The child's concept of story: Ages two to seventeen ［M］. Chicago: University of Chicago Press, 1978.

［7］ ARIZPE E, STYLES M. Children reading picturebooks: Interpreting visual texts ［M］. Abingdon: Routledge, 2015.

［8］ ASCH T. Future prospects for the visualization of culture: Does the native still exist? ［M］ // BOONZAJER FLAES R M and HARPER D A. Eyes across the Water II. Amsterdam: Het Spinhuis, 1993: 1 – 9.

［9］ ASCH T, MARSHALL J, SPIER P. Ethnographic film: Structure and function ［J］. Annual review of anthropology, 1973, 2 (1): 179 – 187.

［10］ ASHWIN C. Drawing, Design and Semiotics ［M］ //MARGOLIN V. Design discourse: History, theory criticism. Chicago: University of Chicago Press, 1989: 199 – 209.

［11］ AVGERINOU M, ERICSON J. A review of the concept of visual literacy ［J］. British journal of educational technology, 1997, 28 (4): 280 – 291.

［12］ BAILEY R. From fine arts to visual sociology: A personal comment ［J］. Visual sociology. 1986, 1 (1): 11 – 13.

［13］ BAL M, BRYSON N. Semiotics and art history ［J］. The art bulletin, 1991, 73 (2): 174 – 208.

［14］ BALIKCI A. Anthropologists and ethnographic filmmaking ［M］ // ROLLWAGEN J R. Anthropological filmmaking. Chur: Harwood Academic, 1988: 31 – 45.

［15］ BANKS M. Experience and reality in ethnographic film ［J］. Visual studies, 1990, 5 (2): 30 – 33.

［16］ BANKS M. Talking heads and moving pictures: David Byrne's true stories and the anthropology of film ［J］. Visual anthropology, 1990, 3 (1): 1 – 9.

[17] BANKS M. The seductive veracity of ethnographic film [J]. Visual anthropology review, 1990, 6 (1): 16 –21.

[18] BANTA M, CURTIS H. From site to sight: Anthropology, photography and the power of imagery [M]. Cambridge, MA: Peabody Museum Press, 1986.

[19] BARANOWSKA M. The mass-produced postcard and the photography of emotions [J]. Visual anthropology, 1995, 7 (3): 171 –189.

[20] BARBOUSAS J. Visual arts education and the formation of literacies: an exploration of visuality [M]. Berlin, Germany: Springer International Publishing, 2014.

[21] BARTHES R. Mythologies [M]. New York: Wang and Hill, 1987.

[22] BATESON G, MARGARET M. Balinese character: A photographic analysis [M]. New York: Academy of Sciences Special Publication 2, 1941.

[23] BECKER H S. Photography and sociology [J]. Studies in visual communication, 1974, 1 (1): 3 –26.

[24] BERGER A A. "He's everything you're not. " A semiological analysis of cheers [M] //BURNS G, THOMPSON R J. Television studies: Textural analysis. NY: Praeger, 1983: 21.

[25] BERTIN J. Semiology of graphics [M]. WI: University of Wisconsin Press, 1983.

[26] BLONSKY M. On signs [M]. Baltimore MD: Johns Hopkins University Press, 1985.

[27] BOGNER K, RAPHAEL L, PRESSLEY M. How grade 1 teachers motivate literate activity by their students [J]. Scientific studies of reading, 2002, 6 (2): 135 –165.

[28] BOPRY J. Visual literacy in education: A semiotic perspective [J]. Journal of visual literacy, 1994, 14 (1): 35 –49.

[29] BOSHRABADI A M, BIRIA R. The efficacy of multimodal vs. print-based texts for teaching reading comprehension skills to Iranian

high school third graders [J]. International journal of language learning and applied linguistics world, 2014, 5 (1): 365 – 380.

[30] BRODSKY J. Martin Jay, downcast eyes: The denigration of vision in twentieth-century french thought [J]. Journal of aesthetics & art criticism, 1996, 54 (2): 185 – 187.

[31] BURGELIN O. Structuralist analysis and mass communication [M] //MCQUAIL D. Sociology of mass communications. Harmondsworth: Penguin, 1972: 93 – 111.

[32] CARROLL J M. Toward a structural psychology of cinema: Approaches to semiotics [M]. New York: Mouton De Gruyter, 1981.

[33] BOGDAN C. The semiotics of visual languages [M]. New York, NY: Columbia University Press, 2002.

[34] CAZDEN C, COPE B, FAIRCLOUGH N, et al. A pedagogy of multiliteracies: Designing social futures [J]. Harvard educational review, 1996, 66 (1): 60 – 92.

[35] CHEN M. Chinese lian huan hua and literacy: Popular culture meets youth literature [M]. Berlin: Springer, 2012.

[36] CHEUNG C K, JHAVERI A D. Developing students' critical thinking skills through visual literacy in the New Secondary School Curriculum in Hong Kong [J]. Asia pacific journal of education, 2016, 36 (3): 379 – 389.

[37] CRONKLETON R K. Dialogic picture book reading: an early intervention strategy for language remediation [M]. Dayton, Ohio: School of Education University of Dayton, 1997.

[38] DE L T. Alice doesn't: feminism, semiotics, cinema [M]. Bloomington: Indiana University Press, 1982.

[39] O'CONNELL J, SHEEHAN H M, DOONAN S. Construction of cD-NA libraries from cultures of Armillaria mellea [J]. The international journal of biochemistry, 1993, 25 (2): 201 – 207.

[40] ECO U. A Photograph [M] //In UMBERTO E. Travels in hyper

reality. San Diego: Harcourt Brace Jovanovich, 1986: 213 – 218.

[41] ECO U. Towards a semiotic inquiry into the television message [J]. Television: critical concepts in media and cultural studies, 2003, 2: 3 – 19.

[42] GONGLIAN L, MINGKAI Z. Interpretating reading literacy and its teaching implementating based on comparative study between PIRLS and PISA [J]. Primary & secondary schooling abroad, 2018 (5): 54 – 61.

[43] GRAESSER A C, GERNSBACHER M A, GOLDMAN S R. Handbook of discourse processes [M]. Abingdon: Routledge, 2003.

[44] GROSS L. Life vs. Art: The interpretation of visual narratives [J]. Studies in visual communication, 1985, 11 (4): 2 – 11.

[45] GRUNDVIG V. Can picture books in the English classroom lead to increased reading comprehension? [D]. Ostfold University College, Norway, 2012.

[46] HALL S. Encoding/decoding [M] //HALL S et al. Culture, media, language. London: Hutchinson, 1980: 128 – 138.

[47] HASENMUELLER C. Panofsky, iconography, and semiotics [J]. The journal of aesthetics and art criticism, 1978, 36 (3): 289 – 301.

[48] HALLIDAY M A K, MATTHIESSEN C M I M. Halliday's introduction to functional grammar [M]. Abingdon: Routledge, 2013.

[49] HERTZOG N B, KAPLAN S. Intellectual engagement: Early childhood gifted education [J]. Gifted child today, 2016, 39 (3): 133.

[50] HIBBING A N, RANKIN-ERICKSON J L. A picture is worth a thousand words: Using visual images to improve comprehension for middle school struggling readers [J]. The reading teacher, 2003, 56 (8): 758 – 770.

[51] HIRAGA M K. Iconic Meanings of Visual Repetition in Poetry [M] //DEELY J, and PREWITT T. Semiotics. Lanham, NY: U-

niversity Press of America, 1993: 95 –105.

[52] HORTIN J A, BAILEY G D. Visualization: Theory and applications for teachers [J]. Reading improvement, 1983, 20 (1): 70.

[53] HOLDCROFT D. Saussure: Signs, system and arbitrariness [M]. Cambridge: Cambridge University Press, 1991.

[54] HURTIG R R. Analytic and holistic strategies in the perception of sign [J]. Journal of visual verbal languaging, 1981, 1 (1): 31 –36.

[55] JALONGO M R, DRAGICH D, CONRAD N K, et al. Using wordless picture books to support emergent literacy [J]. Early childhood education journal, 2002, 29 (3): 167 –177.

[56] JONES B. The end of the affair: The windsors and the front page [J]. Working papers in cultural studies, 1972 (3): 89 –101.

[57] LOTMAN J. The structure of the artistic text [M]. Lenhoff G, Vroon , trans. Ann Arbor: University of Michigan, 1977.

[58] WISSMAN K, COSTELLO S, HAMILTON D. 'You're like yourself': Multimodal literacies in a reading support class [J]. Changing english, 2012, 19 (3): 325 –338.

[59] KEPES G. Sign image symbol [M]. New York: George Braziller, 1980.

[60] KRESS G, VAN LEEUWEN T. Reading images: the grammar of visual design [M]. New York: Routledge, 1996.

[61] LOTMAN J. Semiotics of Cinema [M]. Ann Arbor: University of Michigan Press, 1976.

[62] LUPTON E. Reading Isotype [M] //MARGOLIN V. Design discourse: History, theory criticism. Chicago: University of Chicago Press, 1989: 145 –156.

[63] QIN L. Study on English teaching practice in primary school and lower grades based on English picture book reading [C] //2018 5th international conference on education, management, arts, economics and social science (ICEMAESS 2018). Atlantis Press,

2018: 1008 – 1012.

[64] MARTIN J. Downcast eyes: The denigration of vision in twentieth-century french thought [M]. California: University of California Press, 1993.

[65] MENESES A, ESCOBAR J P, VÉLIZ S. The effects of multimodal texts on science reading comprehension in Chilean fifth-graders: Text scaffolding and comprehension skills [J]. International Journal of Science Education, 2018, 40 (18): 2226 – 2244.

[66] METZ C. Film language: A semiotics of the cinema [M]. Taylor M trans. New, York: Oxford University Press, 1974.

[67] METZ C. Language and cinema [M]. Donna Umiker-Sebeok, trans. The Hague: Mouton, 1974.

[68] METZ C. Problems of Denotation in the Fiction Film [M] //ROSEN P. Narrative, Apparatus, Ideology. New York: Columbia University Press, 1982: 35 – 65.

[69] METZ C. The imaginary signifier: Psychoanalysis and cinema [M]. Bloomington: Indiana University Press, 1982.

[70] METZ C. The perceived and the named [J]. Studies in visual communication, 1980, 6 (3): 56 – 68.

[71] SCHAPIRO M. Per una semiotica del linguaggio visivo [M]. New-York: Meltemi Press, 2002.

[72] MICK D G. Consumer research and semiotics: Exploring the morphology of signs, symbols, and significance [J]. Journal of consumer Research, 1986, 13 (2): 196 – 213.

[73] MILITANSINA I, ARIFIN Z. Improving students' reading comprehension of procedure text through picture word inductive model strategy [J]. Jurnal pendidikan dan pembelajaran, 2015, 4 (6): 1 – 16.

[74] MILITANSINA M, IKHSANUDIN I, ARIFIN Z. Improving students' reading comprehension of procedure text through picture

word inductive model strategy [D]. Tanjungpura University, 2014.

[75] HAGGERTY M, MITCHELL L. Exploring curriculum implications of multimodal literacy in a New Zealand early childhood setting [J]. European early childhood education research journal, 2010, 18 (3): 327 – 339.

[76] MORIARTY S. Literal versus symbolic images in visual communication [C]. Proceedings of the 1985 IVLA Conference, Custer Whiteside, 1985.

[77] MORIARTY S. Visemics: A proposal for a marriage between semiotics and visual communication [J]. Visual communication, 1994, 94.

[78] MORIARTY S. Visual semiotics and the production of meaning in advertising [J]. Visual communication division of AEJMC. Washington DC: AEJMC, 1995: 1 – 15.

[79] MULLIS I V S, KENNEDY A M, MARTIN M O, et al. Assessment framework and specifications. PIRLS 2006 [M]. Amsterdam, Netherlands: International Association for the Evaluation of Educational Achievement, 2006.

[80] MULLIS I V S, MARTIN M O, HOOPER M. Measuring changing educational contexts in a changing world: Evolution of the timss and pirls questionnaires [M] //ROSEN M, HANSEN K Y, WOLFF U. Cognitive abilities and educational outcomes—A festschrift in honour of Jan-Eric Gustafsson. Cham, Switzerland: Springer, 2017: 207 – 222.

[81] MULLIS I V S, MARTIN M O, FOY P, et al. TIMSS 2011 international results in mathematics [M]. Amsterdam, Netherlands: International Association for the Evaluation of Educational Achievement, 2012.

[82] MULLIS I V S, MARTÍN M O, SAINSBURY M. Marco de comprensión lectora de PIRLS 2016 [C] //PIRLS 2016. Marco de la evaluación. Subdirección General de Documentación y Publica-

ciones, 2016: 11 - 30.

[83] NADIN M, RICHARD D Z. Creating effective advertising using semiotics [M]. New York: The Consultant Press, 1994.

[84] CAZDEN C, COPE B, FAIRCLOUGH N, et al. A pedagogy of multiliteracies: Designing social futures [J]. Harvard educational Review, 1996, 66 (1): 60 - 92.

[85] CHOMSKY N. Syntactic structures, the hague: Mouton [J]. Review of verbal behavior by bf skinner, language, 1957, 35: 26 - 58.

[86] NODELMAN P. Cultural arrogance and realism in Judy's Blume's *superfudge* [J]. Children's literature in education, 1988, 19 (4): 230 - 241.

[87] NODELMAN P. Words about pictures: The narrative art of children's picture books [M]. Athens and London: University of Georgia Press, 1988.

[88] NODELMAN P. Words about pictures: The narrative art of children's picture books [M]. Athens and London: University of Georgia Press, 1989.

[89] BEILHARZ P. Reviews: Martin Jay, downcast eyes: The denigration of vision in twentieth-century french thought (University of California Press, 1993); Terry Smith, making the modern: Industry art and design in America (Chicago University Press, 1993) [J]. Thesis eleven, 1995, 42 (1): 130 - 150.

[90] OGUNYINKA E K. An HLM analysis of students' mathematics achievement in the selected Asia countries and area based on PISA 2012 dataset [D]. Central China Normal University, 2018.

[91] OITTINEN R. From Thumbelina to winnie-the-pooh: Pictures, words, and sounds in translation [J]. Meta, 2008, 53 (1): 76 - 89.

[92] PANTALEO S. Learning about and through picturebook artwork

[J]. The reading teacher, 2018, 71 (5): 557 – 567.

[93] PANTALEO S. Godzilla lives in New York: Grade 1 students and the peritextual features of picture books [J]. Journal of children's literature, 2003, 29 (2): 66 – 77.

[94] PANOFSKY E, DRECHSEL B. Meaning in the visual arts [M]. Chicago: University of Chicago Press, 1955.

[95] PARCALABESCU L, TROST N, FRANK A. What is multimodality? [EB/OL]. (2021 – 03 – 10) [2023 – 3 – 15], https://arxiv. org/abs/2103. 06304.

[96] PIRO J M. The picture of reading: Deriving meaning in literacy through image [J]. The reading teacher, 2002, 56 (2): 126 – 134.

[97] PLATT S G. A checklist of the flora of the Manchac Wildlife Management Area, St. John the Baptist Parish, Louisiana [C] // The Proceedings of the Louisiana Academy of Sciences. 1988.

[98] PLUMMER B A, MALLYA A, CERVANTES C M, et al. Phrase localization and visual relationship detection with comprehensive image-language cues [C] //Proceedings of the IEEE international conference on computer vision, 2017: 1928 – 1937.

[99] PORTER M J. Applying semiotics to the study of selected prime time television programs [J]. Journal of broadcasting & electronic media, 1983, 27 (1): 69 – 75.

[100] PRESS M, EPSTEIN L. Nine ways to use visual art as a prewriting strategy [J]. Language and literacy spectrum, 2007, 17: 31 – 39.

[101] PRESSLEY M, DOLEZAL S, RAPHAEL L, et al. Increasing academic motivation in primary grades [J]. Journal of catholic education, 2003, 6 (3): 372 – 392.

[102] QUNYING S. The construction of children's english reading teaching strategies based on english picture books [J]. Journal of jiamusi college of education, 2012 (01): 267 – 268.

[103] RAKHMADHANI N M. The implementation of picture-cues-based-strategy to improve the 8th graders' reading comprehension skill [D]. Universitas Negeri Malang, 2019.

[104] RAKHMADANI NASUTION S A. The English textbook readability of the eleventh grade students [D]. University of Macau, 2017.

[105] RASINSKI T V. Picture this: Using imagery as a reading comprehension strategy [J]. Reading horizons: A journal of literacy and language arts, 1985, 25 (4): 9.

[106] ROSYADA A. Improving students' critical thinking to develop variety essays through picture word inductive model [C] //UICELL Conference Proceeding, 2018, 2: 50 – 57.

[107] ROXBURGH D J. In pursuit of shadows: Al-hariri's maqāmāt [J]. Muqarnas online, 2014 (30): 171 – 212.

[108] SARI D M M. The Use of skimming and scanning techniques to improve reading comprehension achievement of junior high school students [J]. Jurnal edukasi, 2016, 2 (1): 59 – 68.

[109] SAINT-MARTIN F. From visible to visual language: Artificial intelligence and visual semiology [J]. Semiotica, 1989, 77 (1 – 3): 303 – 316.

[110] SAINT-MARTIN F. Notes on semiotics of the pictorial basic plane [J]. Ars semiotica, 1982, 4 (3 – 4): 305 – 319.

[111] SAINT-MARTIN F. Semiotics of visual language [M]. Bloomington: Indiana University Press, 1990.

[112] SEELS B A. VISUAL I. The definition problem [J]. A spectrum of visual learning, 2014: 97 – 112.

[113] SEELS B, DUNN J. A visual literacy walk: Using a natural learning environment [J]. Techtrends, 1989, 34 (6): 26 – 29.

[114] SEELS B, RICHEY R C. Redefining the field [J]. Techtrends, 1994, 39 (2): 36 – 38.

[115] SEELS B A. Visual literacy: The definition problem [J]. Visual

literacy: A spectrum of visual Learning, 1994: 97 – 112.

[116] SEITER E. Semiotics and television [M] //ALLEN R C. Channels of discourse: Television and contemporary criticism. Chapel Hill: University of North Carolina Press, 1987: 17 – 41.

[117] SEUFERT T. Training for coherence formation when learning from text and picture and the interplay with learners' prior knowledge [J]. Frontiers in psychology, 2019, 10: 193.

[118] SCHAPIRO M. On some problems in the semiotics of visual art: Field and vehicle in image-signs [J]. Semiotica, 1969, 1: 223 – 242.

[119] SHAW D. Getting to the pulp of it: Sinead o'connor and the iconoclastic pulpit [C] //Speech Communication Association Conference, New Orleans. 1994.

[120] SHUREN W. The roots of Chinese philosophy and culture—An introduction to "xiang" and "xiang thinking" [J]. Frontiers of philosophy in China, 2009, 4 (1): 1 – 12.

[121] SOLOMON J. The signs of our times [M]. Los Angles: Jeremy P. Tarcher, 1988.

[122] STOKES S. Visual literacy in teaching and learning: A literature perspective [J]. Electronic journal for the integration of technology in education, 2002, 1 (1): 10 – 19.

[123] STYLES M, ARIZPE E. A gorilla with ' Grandpa's Eyes': How children interpret visual texts—A case study of Anthony Browne's Zoo [J]. Children's literature in education, 2001, 32 (4): 261 – 281.

[124] STEVENSON J, FREDMAN G. The social environmental correlates of reading ability [J]. Journal of child psychology and psychiatry, 1990, 31 (5): 681 – 698.

[125] SUSWANTI H. Improving students' reading comprehension of procedure texts by using collaborative strategic reading [J]. TELL-

US journal, 2021, 7 (1): 59 – 79.

[126] SWENSON J D. Rodney King, Reginald denny, and tv news: Cultural (re-) construction of racism [J]. Journal of communication inquiry, 1995, 19 (1): 75 – 88.

[127] TOMASELLI K, SMITH G M. Sign Wars: The battlegrounds of semiotics in cinema in anglo-saxonia [J]. Degres-revue de synthese a orientation semiologique, 1990 (64): C1 – C25.

[128] ULLIAN J S, WILSON N L. The concept of language [J]. Philosophy of science, 1961, 1 (1): 19 – 20.

[129] VERBA S M, CARL C. Barthes' the fashion system: An exploration at the recipient level [M] //DEELEY J. Cultural semiotics. Champagne-Urbana: University Press of America, 1984: 471 – 489.

[130] VERBA S M, CARL C. Writing with flesh: A semiotic interpretation of research findings on body image attitudes and behaviors in the U. S [M] //UMIKER-SEBEOK J. Marketing and semiotics. Berlin: Mouton de Gruyter, 1987: 165 – 186.

[131] WATERMAN A H, HAVELKA J, CULMER P R, et al. The ontogeny of visual-motor memory and its importance in handwriting and reading: A developing construct [J]. Proceedings of the royal society b: Biological sciences, 2015, 282 (1798): 20140896.

[132] WELLS G. The meaning makers: Children learning language and using language to learn [M]. Portsmouth: Heinemann Educational Books Inc, 1986.

[133] WHITEHURST G J, ZEVENBERGEN A A. Dialogic reading: A shared picture book reading intervention for preschoolers [J]. On reading books to children: Parents and teachers, 2003, 177: 200.

[134] WIGFIELD A, GUTHRIE J T. Relations of children's motivation for reading to the amount and breadth or their reading [J]. Journal of educational psychology, 1997, 89 (3): 420.

[135] WOLLEN P. Signs and meaning in the cinema [M]. London:

Secker and Warburg, 1979.

[136] WOOLLACOTT J. Messages and Meanings [M] //GUREVITCH M, BENNETT T, CURRAN J, et al. Culture, society and the media. London: Metheun, 1982: 91 – 111.

[137] WORTH S. The development of a semiotic of film [M] //GROSS L. Sol Worth: Studying visual communication. Philadelphia: University of Pennsylvania Press, 1981: 185 – 199.

[138] HUANG X, JING J, ZOU X, et al. Eye movements characteristics of Chinese dyslexic children in picture searching [J]. Chinese medical journal, 2008, 121 (17): 1617 – 1621.

[139] YOUNGS S, SERAFINI F. Comprehension strategies for reading historical fiction picturebooks [J]. The reading teacher, 2011, 65 (2): 115 – 124.

[140] LI Y, ZHANG L, XIA Z, et al. The relationship between intrinsic couplings of the visual word form area with spoken language network and reading ability in children and adults [J]. Frontiers in human neuroscience, 2017, 11: 327.

[141] YUSUF H O. Effectiveness of using stop, think and talk activities on the performance of students in reading comprehension in junior secondary schools in federal capital territory (fct) abuja, Nigeria [J]. Research Journal of Education , 2017, 3 (9): 106 – 110.

[142] ZAGIDULLINA M V. Multimodality: To the question of terminological definition [J]. Znak: Problemnoe pole mediaobrazovaniia, 2019 (1): 31.

[143] ZEVENBERGEN A A, WHITEHURST G J. Dialogic reading: A shared picture book reading intervention for preschoolers [J]. On reading books to children: Parents and teachers, 2003, 177: 200.

[144] ZHANG K, DJONOV E, TORR J. Reading and reinterpreting picture books on children's television: Implications for young children's narrative literacy [J]. Children's literature in educa-

tion, 2015, 47 (2): 129 – 147.

[145] ZHANG K, DJONOV E, TORR J. Reading and reinterpreting picture books on children's television: Implications for young children's narrative literacy [J]. Children's literature in education, 2015, 47 (2): 129 – 147.

[146] ZWAAN R A, SINGER M. Text comprehension [M] //GRAESSER A C, GERNSBACHER M A, GOLDMAN S R. Handbook of discourse processes. Abingdon: Routledge, 2003: 89 – 127.

[147] ZWAAN R A, SINGER M. Text comprehension [M] //GRAESSER A C, GERNSBACHER M A, GOLDMAN S R. Handbook of discourse processes. Mahwah, NJ: Lawrence Erlbaum Associates, 2013: 83 – 121.

附　　录

附录1　学生访谈提纲

一、基本信息

访谈时间：＿＿＿＿＿＿　　访谈学校：＿＿＿＿＿＿

被 访 人：＿＿＿＿＿＿　　性　　别：＿＿＿＿＿＿

年　　龄：＿＿＿＿＿＿

二、访谈内容

1. 你喜欢这学期老师上的阅读课吗？

2. 你觉得这一学期的阅读课和以前有什么不一样？

3. 书中如果有文字也有插图，你会先从哪个开始阅读？

4. 你以前在阅读时会关注书上的插图或者图片吗？

5. 以前老师上阅读课时是否有对课本或者阅读材料中的插图进行解读呢？

6. 你喜欢老师在阅读课上跟大家一起欣赏解析书上的图画吗？

7. 学习图像语言知识后，你在观看图画或者图片时和以前有什么不同，是否能够捕捉到更多的细节呢？

8. 学习图像语言知识后，你觉得能否辅助你解决在阅读时遇到文字难以理解的困难？

9. 学习图像语言知识后，你是否觉得阅读也是一件有趣的事呢？

10. 学习图像语言知识后，你在学习场景或者生活场景中看到有图画有文字的阅读材料或者广告牌、电影时，是否比之前的理解更为深刻呢？能否举个例子。

附录2 教师访谈提纲

一、基本信息

访谈时间：＿＿＿＿＿＿　　　访谈学校：＿＿＿＿＿＿

被 访 人：＿＿＿＿＿＿　　　性　　 别：＿＿＿＿＿＿

学　　 历：＿＿＿＿＿＿　　　职　　 称：＿＿＿＿＿＿

职　　 务：＿＿＿＿＿＿　　　任教年级：＿＿＿＿＿＿

二、访谈内容

下列问题旨在为访谈提供引导，实际访谈中的问题将取决于教师的实际情况。

1. 关于教师本人的从教经历及其对教学与教师职业的认识等。

2. 教学实验前的情况访谈。（图像语言、图画书、阅读能力、审美能力）

（1）请问您在实行教学实验前对图像语言的了解有多少？（图像语言）

（2）您在实行教学实验前是否认为图像语言是衡量学生阅读能力的其中一项评价指标？（图像语言）

（3）您在实行教学实验前对课堂上教材中的插图是否进行过详细解读与教学？（图像语言）

（4）您在实行教学实验前是否使用图画书进行阅读教学？（图画书）

（5）您在实行教学实验前是否认为进行图像语言教学能够提高学生的阅读文本能力？（阅读能力）

（6）您在实行教学实验前是否认为进行图像语言教学能够提高学生的审美感知能力？（审美能力）

（7）您在实行教学实验前是否认为进行图像语言教学能够提高学生的阅读文本能力？（阅读能力）

3. 教学实验中的教学方式和指导策略。

（1）请问您以图画书作为载体进行图像语言教学时，文字语言和图像语言的比重各为多少？

（2）您认为以图像元素、书籍设计、叙事方法作为支点展开图画书阅读教学是否使您在授课过程中觉得条理更清晰？

（3）在开展图像语言教学的阅读课程中，您如何对学生进行有效指导？

（4）在阅读活动过程中，您如何指导学生阅读文字语言和图像语言？

（5）您是否认为这样的阅读课程较之前更加多元或深入？是否对学生的阅读兴趣和阅读能力以及审美能力有实质性的提升？

4. 教学实验后的访谈。

（1）您的阅读教学理念和方法在实验前后有没有发生改变？

（2）如果要在阅读课程中进行图像语言教学，您个人认为教师需要具备什么条件，如何开展培训？您对此有何建议？

5. 教师遇到的主要问题和困难以及解决策略。

（1）以贵校现有的条件，能否顺利开展图像语言教学的阅读课程，为什么？

（2）请谈谈贵校语文老师和美术老师之间的交流与合作情况。（交流的主要内容、形式等）

6. 图像语言教学在阅读课程中的开展效果和建议。

（1）您觉得图像语言教学的实施对阅读课程的效果如何？（学生的变化，如阅读能力、阅读行为、阅读态度、审美能力等；教师的变化，如教学理念、教学能力、教学方式等）

（2）在实施图像语言教学的过程中，您遇到的主要问题和困难还有哪些？您对开展图像语言教学的阅读课程有什么建议？

附录3 学生调查问卷

"图像语言对小学生阅读能力的影响研究"调查问卷（学生问卷）

你好！我们想了解一下近期你关于语文阅读的学习情况，希望你能认真完成这份问卷。请根据自己的实际情况作答，谢谢你的支持和帮助。

学校：_____　　　所在班级：_____

姓名：_____　　　学　　号：_____

请在符合你情况的选项上划"√"

1. 你的性别：

A. 男　　　B. 女

2. 你的家庭所在地：

A. 城市　　B. 乡镇　　C. 农村

3. 在学习图像语言知识之前，你经常用什么样的方式阅读带有图片和文字的书呢？（单选）

A. 先图后文

B. 先文后图

C. 有选择性地挑选感兴趣的内容读

D. 不看图，只看字

E. 不看字，只看图

4. 在学习图像语言知识之后，你经常喜欢用什么样的方式阅读带有图片和文字的书呢？（单选）

A. 先图后文

B. 先文后图

C. 有选择性地挑选感兴趣的内容读

D. 不看图，只看字

E. 不看字，只看图

5. 下面是在学习图像语言知识之前的一些感受。

下面陈述是否符合你的情况？请对每个题目后面的数字打钩，不同数字分别对应你对该句话的同意程度。（数字1～5依次分别代表非常不同意、不同意、一般、同意、非常同意）

	5	4	3	2	1
示范：我认为语文阅读课很有趣 答：如"非常同意"这个说法，就在数字"5"下面打√	√				
1. 在学习图像语言知识之前，我对图像背后的深层含义理解比较困难					
2. 在学习图像语言知识之前，我不太关注文中的插图					
3. 在学习图像语言知识之前，我不太能将图像和文字结合起来看					
4. 在学习图像语言知识之前，我在阅读时没有分析插图的习惯					
5. 在学习图像语言知识之前，我对阅读课程不太感兴趣					
6. 在之前的阅读课程中，老师很少对课本中或者阅读材料中的插图进行解读					

6. 在学习图像语言知识后，和之前相比，你阅读图画书或者课文插图时有什么不同？

下面陈述是否符合你的情况？请对每个题目后面的数字打钩，不同数字分别对应你对该句话的同意程度。（数字1～5依次分别代表非常不同意、不同意、一般、同意、非常同意）

	5	4	3	2	1
示范：我认为语文阅读课很有趣 答：如"非常同意"这个说法，就在数字"5"下面打√	√				
1. 在学习图像语言知识后，我对图像背后的深层含义的理解更为容易了					
2. 在学习图像语言知识后，我会关注文中的插图					
3. 在学习图像语言知识后，我能将图像和文字结合起来					
4. 在学习图像语言知识后，我在阅读时有了分析插图的习惯					

下面陈述是否符合你的情况？请对每个题目后面的数字打钩，不同数字分别对应你对该句话的同意程度。（数字 1～5 依次分别代表非常不同意、不同意、一般、同意、非常同意）

5. 在学习图像语言知识后，我对阅读课程的兴趣提升了					
6. 在之后的阅读课程中，教师加强了对课本或者阅读材料中插图的解读					
7. 我很喜欢这个学期的语文课外阅读材料（图画书）					
8. 我会使用图像语言的视角来分析图画书					
9. 我比较喜欢老师在阅读课上跟大家一起欣赏解析书上的插图					
10. 如果学校单独开设一门图像语言教学课程，我愿意参加该课程					
11. 学习图像语言后，图像语言知识能帮助我理解文字内容					
12. 在进行语文阅读时，我会比较关注颜色、线条、媒材					
13. 在进行语文阅读时，我会比较关注封面、环衬、书名页、跨页、边框					
14. 在进行语文阅读时，我会比较关注时间、视角、物件、翻页					
15. 在进行语文阅读时，我会比较关注图文之间的关系					
16. 在进行语文阅读时，我会比较关注其他方面＿＿＿＿＿＿＿＿（请写下关注内容）					

7. 学习图像语言知识后，当你在学习场景或生活场景中看到有图画和文字的阅读材料或者广告牌、电影等时，是否比之前的理解更为深刻呢？

下面陈述是否符合你的情况？请对每个题目后面的数字打钩，不同数字分别对应你对该句话的同意程度。（数字 1～5 依次分别代表非常不同意、不同意、一般、同意、非常同意）

	5	4	3	2	1
示范：我认为语文阅读课很有趣。 答：如"非常同意"这个说法，就在数字"5"下面打√	√				
1. 学习图像语言知识后，我常常会深入思考图像想表达的内涵					
2. 学习图像语言知识后，我会不自主地设想：如果是我，我会怎么设计图画书					
3. 学习图像语言知识后，我会思考图像和文字之间的逻辑关系和布局					
4. 学习图像语言知识后，我能够较快地理解图片和文字的内容					
5. 学习图像语言知识后，我的语文阅读能力提升了					
6. 学习图像语言知识后，我能够增加对电影、广告、图画书内容的理解					

8. 对于这段时间的图像语言学习，你有什么感受呢？对于后续语文阅读或图像语言的学习，你有什么想法和建议？

_____

_____

附录4　教师调查问卷

"图像语言对小学生阅读能力的影响研究"调查问卷（教师问卷）

您好！非常感谢您在百忙之中抽空参与这个调查问卷。我是香港教育大学的博士生，现在正在进行博士论文的研究工作：调查研究图像语言对小学生阅读能力的影响。希望能够向您了解相关情况，并请您帮助我完成这份问卷。本次问卷调查为匿名填写，仅用于学术研究，不涉及绝密信息，不作其他用途，请您放心作答。您的积极参与和认真作答对研究非常重要，请根据自己的实际情况作答，谢谢您的支持和帮助。

访谈时间：＿＿＿＿＿　　访 问 人：＿＿＿＿＿

访谈学校：＿＿＿＿＿　　被 访 人：＿＿＿＿＿

职　　务：＿＿＿＿＿　　任教年级：＿＿＿＿＿

一、基本情况

请在符合您情况的选项上划"√"

1. 您的性别：

A. 男　B. 女

2. 您的年龄：

A. 20 岁以下　B. 20～30 岁　C. 31～40 岁　D. 41～50 岁

E. 50～60 岁　F. 60 岁以上

3. 您的学历：

A. 初中及以下　B. 高中/专科　C. 大专/本科　D. 硕士

E. 博士

4. 您的教龄：

A. 5 年及以下　B. 6～10 年　C. 11～15 年　D. 16～20 年

E. 20 年以上

5. 您目前的职称：

A. 正高级教师　B. 高级教师　C. 一级教师　D. 二级教师

E. 三级教师

6. 您任职学校的所在地：

A. 城市　　B. 乡镇　　农村

二、关于图像语言教学方面

1. 您对"图像语言"的了解情况：

A. 没接触过　　B. 了解一点　　C. 一般　　D. 比较熟悉

E. 非常熟悉

2. 您过去在教学中是否使用过插图进行教学？

A. 从来没有　　B. 记不清　　C. 偶尔使用　　D. 经常使用

3. 您对"将图画书应用到小学语文阅读教学"的态度：

A. 非常不支持　　B. 不太支持　　C. 一般　　D. 比较支持

E. 非常支持

4. 您认为加入图像语言教学对学生的文本理解能力的提升有帮助吗？

A. 一点都没有　　B. 基本没有　　C. 不确定　　D. 有帮助

E. 非常有帮助

5. 您认为加入图像语言教学对学生的图片审美能力的提升有帮助吗？

A. 一点都没有　　B. 基本没有　　C. 不确定　　D. 有帮助

E. 非常有帮助

6. 您认为加入图像语言教学对学生的阅读理解能力的提升有帮助吗？

A. 一点都没有　　B. 基本没有　　C. 不确定　　D. 有帮助

E. 非常有帮助

7. 您认为加入图像语言教学应该采取哪种形式？

A. 单独开设课程　　B. 与正常教学结合　　C. 不开设

8. 您认为实施图像语言教学会遇到哪些困难？

附录5　图像语言课程的教学指引与导读

附表1　各单元学习列表

单元	主题	文章体裁	课文	配套图画书
第一单元	乡村生活	记叙文（文学性阅读）	《乡下人家》《天窗》《三月桃花水》	《荷花镇的早市》
第二单元	自然奥秘、科技技术	说明文（信息性阅读）	《飞向蓝天的恐龙》《纳米技术就在我们身边》《千年圆梦在今朝》	《地球的力量》
第三单元	植物	记叙文（文学性阅读）	《绿》《白桦》《在天晴了的时候》	《天空的绘本》
第四单元	动物	记叙文（文学性阅读）	《猫》《母鸡》《白鹅》	《森林大熊》
第五单元	景物	记叙文（文学性阅读）	《记金华的双龙洞》《颐和园》《七月的天山》	《北京——中轴线上的城市》
第六单元	儿童成长、人物描写	记叙文（文学性阅读）	《小英雄雨来》《芦花鞋》	《铁丝网上的小花》
第七单元	人物描写	记叙文（文学性阅读）	《"诺曼底号"遇难记》《黄继光》	《美女还是老虎》
第八单元	人物描写	记叙文（文学性阅读）	《巨人的花园》	《巨人和春天》

第一单元

单元主题：乡村生活

文章体裁：散文

课内阅读篇目：《乡下人家》《天窗》《三月桃花水》

课外配套图画书：《荷花镇的早市》

教材单元主题：本单元课文主要围绕"走进田园，热爱乡村"这个专题进行编排，以优美生动的语言描绘乡村生活的美景。目的是引导学生感受语言的美，感受乡村生活的惬意与美好。

图像语言阅读课程指引与导读：

《荷花镇的早市》是中国内地图画书原创作者周翔的作品，曾荣获"丰子恺儿童图画书奖优秀儿童图画书奖"。该书通过写意画风描绘了江南水乡的独特风光，作者运用大幅的跨页和丰富的场景以及众多人物烘托江南早市的热闹，表现出温暖美好的淳朴民风。与本单元的"乡村生活"主题风格相符。

本单元的教学学习重点在于景物描写时应有选择、有重点地描写动态或者静态景物特色，突出景物的特点，给人身临其境之感。图画书中江南水乡美景的静态描写结合热闹的水乡集市动景描写，使读者犹如置身于古朴纯真的文化氛围之中，这种氛围蕴含了有别于城市浮躁的小乡村气息，余留一份安静与祥和，是追寻记忆的线索，也是打动人心的自然要素。

同时，景物描写需要善于分析、捕捉景物的特征，展现不同景物的迷人与风姿。图画书通过小男孩阳阳的双眸捕捉都市生活里从未出现的新鲜事物和民俗风情：米酒、小猪、斑驳的船影、刚出壳的小鸡、露天的大戏、接新娘的花轿……其在构图和色彩上匠心独运，且每张图画蕴含丰富的细节内涵，图与图之间呈现独特的叙事关系，有利于培养学生的审美能力和想象力。

第二单元

单元主题：自然奥秘、科技技术

文章体裁：说明文

课内阅读篇目：《飞向蓝天的恐龙》《纳米技术就在我们身边》《千年圆梦在今朝》

课外配套图画书：《地球的力量》

教材单元主题：本单元课文主要围绕"自然奥秘，科学技术"这个专题进行编排。本单元以精妙准确的语言，描绘了科技的神奇与自然的奥秘，目的在于引导学生感受科技的魅力，激发学生对宇宙探索的兴趣以及热爱科学的动机。

图像语言阅读课程指引与导读：

本单元的教学重点在于引导学生感受科学类说明文语言的准确性。说明文属于非文学类阅读，主要目的为获取信息、运用信息，具有为简洁性、准确性、科学性三大特点。所选配套的图画书《地球的力量》一书是一套科学绘本，由日本"科学绘本之父"加古里子大师所作。他的作品主要以简单、亲切、具有想象力的画风著称。全书以传授知识为目的，运用科学术语，简洁通俗，用词精准，反映事物的特征、本质及规律。文字内容充满知识性和趣味性，插图充满视觉震撼，生动有趣，不仅能够激发学生的阅读兴趣，而且在文字语言难以理解时提供恰如其分的解说。全书利用文字加图片的形式向孩子多角度展示绚丽多姿的未知世界，充分满足了读者的好奇心。

第三单元

单元主题：植物

文章体裁：诗歌

课内阅读篇目：《绿》《白桦》《在天晴了的时候》

课外配套图画书：《天空的绘本》

教材单元主题：本单元课文主要围绕"走进诗歌，体悟情感"这个专题进行编排。本单元以生动鲜明的语言，描绘不同的意境和场景，目的是引导学生感受诗歌语言的优美与魅力，学会用诗歌表达自己的感受和情感，用不同形式表现自己对生活的热爱与赞美。

图像语言阅读课程指引与导读：

本单元的课文体裁均是诗歌，选取配套的辅助教材也是诗歌体裁的图画书。诗歌体裁的学习重点在于抓住运用了比喻、拟人、象征等修辞手法的重点句子去品析诗歌的意境。除了用文字表现诗歌的意境，图画是更直观的形式。《天空的绘本》一书由日本图画书创作者长田弘（文）、荒井良二（图）所作，带领读者用诗的语言拓展对生命的体验。长田弘用诗意的语言讲述故事，荒井良二则用轻灵、悠远的笔触描绘了一幅幅自然的画面。奔放不羁的油彩画，使用明暗色调的交替，以自然景色铺陈开来，创造出一个诗意、自由、写实的世界。那些童年最美好、最深刻的感觉，如每个季节不同的气味、森林后面那片黝黑中的神秘，都是孩子对世界敏锐的捕捉力。该图画书为孩子所呈现了"诗意""自由"和"幻想"，体现了作者尊重儿童的想法，真正体验儿童的感受。

第四单元

单元主题：动物

文章体裁：散文

课内阅读篇目：《猫》《母鸡》《白鹅》

课外配套图画书：《森林大熊》

教材单元主题：本单元课文主要围绕"动物"这一专题进行编排。本单元写的都是动物以及它们的生活习性与特点，目的是引导学生体会作者对动物的喜爱之情，进一步引发学生体悟和反思如今人与动物的关系。

图像语言阅读课程指引与导读：

本单元三篇文章通过描写动物的特点以及具体事例来表达作者情感，并以此激发学生保护动物，与大自然和谐共处的情感。所选配套教材主题与单元一致，是一本探讨人与动物、工业文明三者之间关系的名作。作者是来自瑞士的著名创作家约克·史坦纳（文）和国际安徒生画家奖获奖得主约克·米勒（图）。该图画书曾获德国绘本大奖和国际绘本艺术金牌奖，还曾入选中国小学生分级阅读书目。本书故事情节幽默，寓意深远。插画家采用漫画框格式配合细腻的描绘，可引发学生深入思考人与动物之间的关系。

首先，本单元教学的重点在于抓住典型特征描写动物。例如，从动物的外形、生活习性等方面生动具体地刻画所描述的对象。画面第一幕，熊站在山顶，高高抬起下巴，自由自在地看着野雁成群向南飞，此时通过动作可以看出熊的自信。同样的信息重复出现，景物依旧却物是人非——熊已被迫穿上人类的衣服，双手抓着铁丝网，依然是那片天空和飞翔的野雁，熊却变得伤感无助。本书通过两个动作对比，抓住典型特征去描写对象。在另外一处，作者采取"漫画格"结构，每页用六张分隔图，细致描绘熊从冬眠中醒来以及到了冬天需要进入冬眠的生活习性。

其次，运用各种不同写作手法突出事物的特点。在课文《白鹅》中有一种描写动物的方法就是反语，也就是正话反说。反语是写作中增添文章亮色的重要手段，运用反语可使情感更加鲜明，语言也更加幽默风趣。在《母鸡》一文中作者采用"欲扬先抑"的方式，先表达对所描写事物的不满，再由一两件事改变自己的看法，使情感对比更加强烈，突出"扬"的部分。辅助教材《森林大熊》作者则充分运用拟人与夸张的手法来描写故事里的人物。文中的董事长为了让熊乖乖上班，证明它不是熊，于是带它参观动物园里的熊和马戏团里的熊，借用它们各自说出它不是熊的理由，以证明它不是熊。最终熊说服自己的理由是，连其他的熊都说它不是熊，自己可能真的不是熊，于是它乖乖穿起制服，打卡去上班。最后当它得以脱身后，反而忘了熊要怎么做，因为它已经"做人"太久了。这是荒谬与逻辑同时存在的手法，使得故事更加诙谐有趣。由此可以引导学生充分认识到，文章可以通过不同写作手法突出描写对象，产生更深远的思考。

第五单元

单元主题：景物

文章体裁：散文

课内阅读篇目：《记金华的双龙洞》《颐和园》《七月的天山》

课外配套图画书：《北京——中轴线上的城市》

教材单元主题：本单元课文主要围绕"景物"这一专题进行编排，目的在于引导学生学会按照一定顺序描写景物的方法，体会语言的优美生动，以及按照文章顺序抓住重点描写的手法。

图像语言阅读课程指引与导读：

本单元学习的重点是景物描写，且本单元中三篇写景散文均取自国内景点，因此选取的配套教材为《北京——中轴线上的城市》。该书由中国原创图画书作家于大武所作，曾获"日本产业经济儿童出版文化奖"。该书的作者擅长运用工笔画手法来表达中国传统绘画之美。

本单元景物描写的教学重点在于引导学生按顺序描写，一般可按时间顺序或者空间顺序。该书的作者运用精致的工笔画描绘北京中轴线的四季和时代的变化；由京城南大门永定门北行，领略北京城的布局之美以及历史之美。学生不仅能够通过直观画面学习到按时间、空间顺序描写的手法，还能够通过卷末的解说，了解有关中轴线的结构美学和建筑艺术。

第六单元

单元主题：儿童成长、人物描写

文章体裁：小说

课内阅读篇目：《小英雄雨来》《芦花鞋》

课外配套图画书：《铁丝网上的小花》

教材单元主题：本单元课文主要是围绕"儿童成长"这一专题进行编排的。三篇文章写的都是讲述儿童成长的故事，通过对人物动作、神态、心理以及周围环境的描写，生动地刻画出一个个坚强、勇敢、沉着、勤劳、善良的儿童形象。课文编排意在让学生掌握如何通过对人物不同角度的描写来刻画人物形象及其性格特征，突出个性，使人物形象富有生命力，也使文章更具可读性。

图像语言阅读课程指引与导读：

配套辅助教材为《铁丝网上的小花》，由图画书界的当代大师英诺森提创作，一经发行，技惊国际，创造了图画书的又一高峰。该图画书曾斩获"1985 年美国国家图书奖""布拉迪斯拉发国际插画双年展金苹果奖"等奖项。该图画书不仅很好地塑造了一个勇敢善良、不分国界的小女孩形象，对读者有积极正面的影响，而且在环境描写或者场面气氛、人物性格特点的描写，以及一些细节描写，如动作、语言、神态、心理等内容上，均有许多细微又具体的典型情节的描写。高超的图画技艺水平，对学生学习本单元人物描写的重点起到了

· 218 ·

很好的辅助作用。

故事讲述的是第二次世界大战时，一个出生在德国小城的小女孩布兰奇每天都从家中偷取食物，连同自己的午餐送给集中营里的孩子吃。最后德军溃败，布兰奇不顾自身安危，依然前去送食物，结果集中营的人都不见了，只剩下铁丝网上一朵紫色的小花——春天百花盛开，唯有一朵是凋谢的，便是那铁丝网上的小花。布兰奇的妈妈再也没有等到她回家。英诺森提惯用细腻的笔触来描绘画面，其构图清晰，色调绵密融合，画面中所有物件都能找到相对应的细节来回应。画面里每个人的神态都是相互回应且表达一定的意蕴的。

首先，本单元强调的知识教学重点是通过环境描写来表现人物的身份、地位、性格，传达人物心情，渲染故事气氛。图画书在故事开头就有很值得挖掘的亮点。对于布兰奇上学途径的河边，插画家巧妙地把画面一分为二，灰暗的天空倒映在河面，以及岸边的铁丝网，都预示着不好的事情即将到来。天空在此也是全书的点睛之笔和奥秘，在战争结束前，所有的画面都是"没有天空"的，所有天空都是倒影或者由阴影构成，直到战争结束，晴朗美丽的天空才真正出现。

其次，神态描写也是本单元学习的重点。图画书中有这样一幕：布兰奇发现集中营后，每天尽可能从家中带各种食物去上学。画面转向正在往书包装食物的布兰奇和右下角切入画面的妈妈，布兰奇紧张的神态以侧脸呈现，与母亲开门后的光源交汇，形成令人屏息的焦点，在同一画面创造出剧情推移的动感。隔页，画面刻画的人物都变瘦了，仅有市长身体肥胖，眼神谄媚狡猾。

最后，真实感人的细节描写同样是人物描写的重要手法。比如，画面中布兰奇越来越容易混进集中营，是因为德军士兵一天比一天疲惫，由此表现出德国即将战败的情景。又如，逃难的人因地位不同，使用的交通工具也不同，市长用汽车，有人用马车，有人用推车。还有最后那一朵象征生命的小花，对照旁边倒下的铁丝网，暗含布兰奇以自己生命为代价去换取集中营中犹太人的逃生机会。全书没有任何屠杀的场面，也没有壮烈的流血，却用一种缓和的手法，让读者透过这个有血有肉有灵魂的人物，透视出战争的悲剧、人类种族偏见的残暴和人性的光辉，这是写故事的最高境界。本来，对于孩子而言，纳粹屠杀的那 600 万犹太人仅仅是一个难以理解的数字，通过阅读此图画书，他们也能体会何为生命无价。

第七单元

单元主题：人物描写

文章体裁：小说

课内阅读篇目：《"诺曼底号"遇难记》《黄继光》

课外配套图画书：《美女还是老虎》

教材单元主题：本单元主要围绕"人物品质"这一专题进行编排。本单元课文的共同特点是都具有出色的人物描写，意在引导学生如何抓住外貌描写、动作描写、语言描写等突出人物的特点及品质。

图像语言阅读课程指引与导读：

本单元的课文都是通过人物外貌、语言、动作、神态、心理等方面对人物进行描写。选择配套的图画书《美女还是老虎?》取自美国小说家斯托克顿的名篇，由乌克兰著名插画家米赫努谢夫（Alexander Mikhnushev）作画。该篇小说被称为历史上第一个"开放式结局"的故事。该书一经发行，便享誉全球，荣获"美国插画家协会绘本银牌奖""美国出版协会富兰克林奖"等。

故事讲述的是一位公主与一位普通年轻人相爱，但该国法律不允许王公贵族与平民相恋，触犯刑法的公民将会接受特殊的处置，在圆形竞技场上，两扇门供犯人选择，其中一扇门里是老虎，另一扇门里是美女。如果是老虎，就表示上帝要惩罚他；如果是美女，则表示上帝愿意宽恕他的罪过，允许与美女结婚，彰显国王的仁慈。对于公主而言，既不想青年死去，又嫉妒他与美女结婚，因此，公主给青年做出的暗示也饱含内心的巨大矛盾，究竟她会作何选择？开放式的结局充满悬念。该图画书通过图像对国王、青年、公主甚至其他配角进行了生动的刻画，读者可从人物的外貌、动作、语言、神态去深度剖析人物的心理活动。

该图画书对青年的刻画相当出彩。青年呈站立姿势出现在画面的下半部，周边的空白突显他孤立无援的处境。他低头锁眉、拳头紧握，表现他陷入沉思的困惑以及对自己命运的忐忑。作者运用夸张手法巧妙设计，使拥有庞大体型的乌鸦从上方掠过，形成巨大压力感。这些虽为侧面描写，却形成巨大张力。

对公主的外貌、动作以及神态的描写也堪称本书的绝妙之笔。公主在看台上的眼神和暗示青年的手势形成一个三角构图，表达了公主内心的复杂。下页画面中公主的走向与青年走向生命之门的方向呈相反之势，公主低眉垂眼的侧脸、掩面之手，以及拖着沉重脚步的姿态，身边小丑的步步回头和猎狗垂头向前等动作和神情来回拉扯，强烈牵动着读者的内心。

该图画书能够帮助学生通过更直观的图像语言来掌握阅读方法。首先，语言描写应符合人物的身份和当时具体的环境，抓住人物的个性化语言，表现人物的性格特点和精神品质；其次，动作描写要选择准确动词去表现特定环境下的动作，动作要符合当时的实际情况；最后，语言和动作描写要有目的，不是为了描写而描写，而是要达到表现人物特点、精神等目的。

第八单元

单元主题：人物描写

文章体裁：童话

课内阅读篇目：《巨人的花园》

课外配套图画书：《巨人和春天》

教材单元主题：本单元主要是围绕"人物描写、童话故事"这一专题进行编排。三篇课文的主人公均为童话故事中的虚拟人物，意在引导学生感受童话的情节曲折离奇、语言生动幽默的奇妙，以及体会人物真、善、美的美好品质和儿童纯真世界的永恒节奏；让学生感悟人物描写可通过对人物言行、性格、语言风格进行刻画，可运用夸张和对比以及拟人的手法使得文章更引人入胜。阅读过程中的重点还在于鼓励学生大胆展开想象，鼓励学生通过对环境与故事情节进行改编，表达出新的旨意与更深入的思考。

图像语言阅读课程指引与导读：

本单元选择配套的图像语言辅助图画书为王尔德的同名童话《巨人与春天》，由台湾著名出版人郝广才（文）和著名插画家王家珠（图）所创作，为"金羽毛·世界获奖绘本"。

首先，教材中《巨人的花园》主要讲述了一个自私的巨人在孩子们的帮助下，认识到自己的错误，并最终和孩子们一起享受分享带来的快乐的故事。这个故事告诉人们，能和大家一起分享快乐才是真正的快乐。教材中主要的教学重点是让学生学习对比的创作手法，把两种相对应的事物或同一种事物两个不同的方面进行比较，使形象更加鲜明。本文中巨人砌墙、拆墙前后花园景象的对比，巨人在省悟前后对待孩子们的态度的对比，使情节跌宕起伏，揭示的道理也能自然显现。

其次，选择的配套图画书《巨人和春天》讲述的故事是好心的巨人在冰天雪地的夜晚帮助一个叫"春天"的小男孩躲避寒冷，但巨人想独自拥有"春天"，便将"春天"的披风藏了起来，巨人锁住了"春天"，也关闭了自己的心门。最后，巨人明白爱不是占有，而是成全。于是放手让"春天"离去，让绿色重新成为"春天"的翅膀的故事。

文章采用的是图像语言叙事策略中"以视角调节叙事节奏"的方式呈现了形象生动的故事情节。如果说学生对教材中文字语言的手法使用理解还不够透彻，那么通过图画书的图像赏析后，他们就能够有更深的体悟。例如，画面中"春天"搬书堆高，想要爬上书架，拿回披风。画面中左上角出现巨人的脚，巨人的影子正好分割画面，一半明亮，一半阴暗。这一明暗对比可让学生感受巨人阴影所阐释的压力和"春天"对光明自由的向往。另一幅图是巨人为挽留"春天"而为它制作的一匹木马。画面色调全部调降到黑白，而木马则使用具强烈反差效果的大红色。这一色调的强烈对比下，大红色表示巨人想留住"春天"的强烈占有欲和黑白色表达"春天"想逃走失败后的低落情绪形成对比。隔页用文字留白的部位，分割巨人与春天，成为别有意味的版面设计。该图画书与教材中存在异曲同工之妙的地方在于本书的主线是"春天"，副线是巨人。巨人与"春天"的对立不是永恒的，当巨人自私的时候，他们是相对的；而当巨人放手的时候，他们就相合。通过感悟具体形象的图像语言，学生能够更深刻地体会故事表达的寓意。

附录6 图像语言基础知识课程教学内容

（一）图像语言教学框架

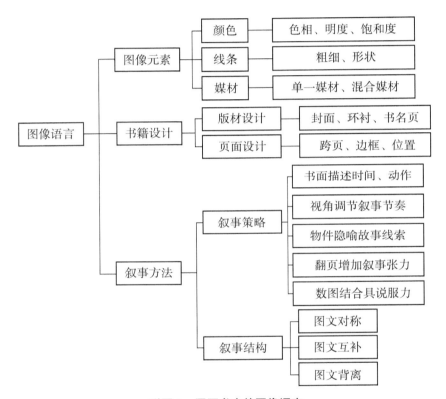

附图1 图画书中的图像语言

（二）图像语言基础知识教学内容

1. 图像元素

杜南（2006）在《观赏图画书中的图画》中写道：不仅是媒材，画中的每个记号，每种质感的呈现，以及钢笔在纸上留下的笔触，不论是细腻或大胆、敏锐或感性，也都吐露玄机。图画作为绘本视觉传递的媒介，其包含的图像元素都蕴含着各种具体细微的情感、抽象隐晦的概念或者意念。例如，颜色、线条、形状、比例、媒材、风格等艺术元素的集合，都将表现整部作品的基调与风格。以下将着重探讨颜色、线条和媒材三个图像元素对作品的基调创设。

（1）颜色。

颜色包含许多约定俗成的意义，能够传达丰富的情感内涵。例如，蓝色、黄色、红色等颜色存在与忧郁、快乐、温暖等情感的关联，显然，它们直接源于我们对水、阳光与火的基本感受。由于此类联结确实存在，画家便可以运用适当的色彩，唤起人们特定的情绪。在绘本中，色彩负有双重任务。一方面，它要创造出一个真实可信的世界，另一方面，除了如实描绘世界原本的颜色之外，它还要营造出各样的气氛。而颜色又分为色相、明度和饱和度三大要素（Perry Nordman，2005）。

1）色相。

色相是指区别各种不同色彩的标准，如红、橙、黄、绿、青、蓝、紫等；是颜色表达语调最直接的方式。例如，白色象征美好和纯洁，黄色显得明亮、有朝气，而红色作为火与血的象征，使人联想到"温暖""危险""活泼"等词语。色彩的意义尤为关键，某些色调能引发人们联想实际场景。例如，《小蟒蜒，睡哪里?》中的画面使人感觉平静、放松，因为绿色使人想到平静的森林。

《小蝾螈，睡哪里？》

2）明度。

明度是指色彩深浅与明暗变化。光与暗不仅呈现光线的效果，还具有象征和情感上的联想作用。以明亮的色彩为主的高色调（high-key）能够显示出幸福的感觉，而以暗色为主的低色调（low-key）画面很可能会造成阴沉的视觉效果（杜南，2006）。

以下哪一幅图更让你感觉温暖？

例如，《爷爷没有穿西装》讲述死亡这一沉重主题时，运用的是低明度的暗棕色，表达出布鲁诺面对死亡时不知如何发泄自己不解、压抑与无助的情绪。

3）饱和度。

饱和度是指色彩的相对浓度。红、黄、蓝（三原色）是具有最高饱和度的颜料，而三者之中以黄色最为明亮。对颜料来说，白色也是一种饱和色（杜南，2006）。饱和度越高的颜色看起来越活泼，饱和度低的颜色相对来说则比较柔和。

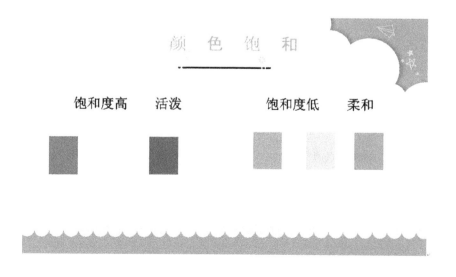

例如，《母鸡萝丝去散步》由高饱和度的色彩营造了欢乐诙谐的效果。

综上所述，图画色彩营造的情绪就像是语言文字的感情色彩。同样的字词以不同的方式表现，会传达不一样的意思；相同地，同样的颜色以不同的组合方式也会表现出不同的基调。

（2）线条。

线条具备了强弱、粗细、穿插、节奏变化等形式美感，并具备高度的概括力和深刻的表现力（董萱，2018）。绘本中的线条亦能够传递某种思想或者营造特定的情绪氛围，解读时需要具备一定图像语言的抽象理解能力。就线条粗细来说，细线条表现柔美灵动，善于变化；粗线条则呈现阳刚之势，给人以力量感。就线条形状来看，水平直线给人稳重之感；斜线时常打破画面的平衡，使剧情反转；锯齿线常用于表达愤怒或者震惊以及热情等起伏的情绪；曲线则自带流动感、节奏感或者焦虑感。在绘本中，线条通过造型，也即物体外轮廓线条来影响整体画面的基调。

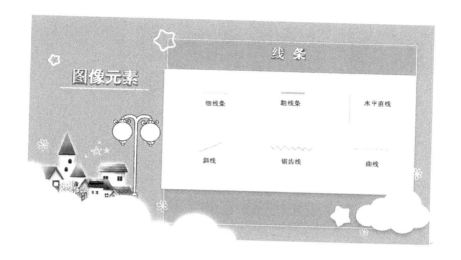

例如，史密斯（Smith，2005）画的《小魔怪贴八达》中塑造小孩形象的线条并不圆滑，而是用细线条的组合，塑造了一个沉稳、内敛，有点茫然又有点自信的小孩形象；Sendak（1963）的成名作《野兽国》中的野兽造型使用锐利的钢线，尖牙利爪，表现出一种力量和醒目的动感；《一片披萨一块钱》中，插画家 Giuliano Ferri（2007）巧妙地把鳄鱼的嘴分成数段，用圆的组合去构成长长的嘴，把鳄鱼形象变得柔和、可爱。

史密斯 (Smith)
《小魔怪贴八达》

桑达克 (Sendak)
《野兽国》

因此，每条线在绘本插画家的笔下都是有灵魂、有生命、有情感的，他们通过精心安排的线条来影响读者阅读时的感受，为画面奠定基调（常立，2017）。

（3）媒材。

Ernst Gambridge（2015）在《真实的标准》（*Standards of Truth*）一文中说："意象带给我们写的讯息，绝不会比媒材所承载的多。"所谓媒材，就是绘画者所采用的任何可应用于艺术创作的材料或工具，不同的媒材会影响故事述说的意义效果和风格。儿童文学理论家林文宝在《插图与绘本》中，根据媒材表现特质的角度将其分为流动性媒材、控制性媒材与操作性媒材三大类别。流动性媒材多指彩绘颜料，如水彩、水粉、水墨、丙烯、油画等，创作者凭借水油介质可将色彩随意挥洒，营造写意流畅之效；控制性媒材如铅笔、彩铅、彩色笔等材料，需由绘画者通过精细控制去勾勒图像，下笔的轻重能营造出粗细疏密或画面深浅等不同笔触；操作性媒材多由创作者通过运用某些特定工具进行创作，如摄影、拼贴、纸雕、版画、橡皮泥、计算机绘图等，风格变化多端，呈现现代与后现代美学风貌（黄晨屿，2018）。

"流动性媒材"　　"控制性媒材"　　"塑形性媒材"

插画家运用媒材的表现手法还可分为单一媒材或混合媒材。

1）单一媒材。

单一媒材即只用一种素材来创作，每种媒材都有各自的特色。例如，油彩显得雍容华贵；水墨让人感觉清新写意；木刻体现淳朴，带有民俗风味；等等。如于大武、徐一文等中国画家创作的《荷塘月色》以传统国画水墨写意的方式展现出一方意境空灵的夏夜荷塘。

单一媒材

于大武、徐一文等中国画家创作的
《荷塘月色》

2）混合媒材。

混合媒材则运用多种材料进行创作，不受单一媒材限制，不同材料间的结合碰撞出不同的效果，如油彩与水彩、亚克力彩混合等。麦克·格雷聂兹在《彩虹色的花》中先铺设肌理再照染色彩的创作可被视为混合媒材的典型运用。肌理的铺设展现了大地的质朴自然，而厚重而浓烈的油彩恰如其分地表现了生命的奔放。媒材的形式与内容融为一体，展现了本书想表达的原始粗犷的美的基调。

混合媒材如油彩与水彩、亚克力彩混合，如麦克·格雷聂兹《彩虹色的花》

2. 书籍设计

日本学者松居直运用数学公式为绘本下了一个定义：图画书 = 文×图。中国学者常立等人在《让我们把故事说得更好——图画书叙事话语研究》一书中作出补充，他认为可对该定义做如下修正：图画书 = 文×图×书籍设计（常立、严利颖，2017）。绘本表现其叙事一般以页为单位，注重页面的刻画与设计。因此，除了"图×文"以外，还有另一个非常重要的叙事符号——书籍设计。随着绘本的发展，书籍设计与其作品构图等元素也成为研究的焦点之一。书籍设计作为一个隐秘的叙事符号，它所营造气氛或情绪的非文字部分是无法被拆解的元素。它们不是个别图画的一部分，而是一本书的整体基调

（Perry Nodelman，2010）。书籍设计的介入或许是图画书区别于传统书籍同时又难以被电子媒介替代的重要原因之一（常立和严利颖，2017）。就绘本的形态来讲，图像、文字和书籍设计是最主要的三大叙事符号。绘本的书籍设计可分为版式设计和页面设计。

（1）版式设计：封面、环衬、书名页。

1）封面。

封面承担第一信息的重要责任，绘本的封面往往最能突出主题，且表现张力最强。因此，有经验的读者能通过封面来阅读一本书，以在其中发现的视觉信息为基础来响应这本书的其他部分（Perry Nodelman，2010）。插画作者往往利用封面试图营造读者期待。例如，《美女还是老虎?》的封面设计中，公主侧颜带着复杂的深情，公主的眼神忧虑迷离，个性软中带强、强中有柔，加上虎爪披风，显得张力十足。

封　面

《美女还是老虎?》的封面。

2）环衬。

环衬是封面与书名页之间的一张衬纸，也称"蝴蝶页"。书前的一张衬纸叫前环衬，书后的一张衬纸叫后环衬。蝴蝶页不仅是扮演粘贴封面与书页的工具性角色，还是插画家发挥巧思与创意的一环。例如，戴维·威斯纳的成名作无字图画书《疯狂星期二》在环衬就开始讲故事了。画面一开始就展示了一只青蛙在睡觉时突然飞起来了的场景。它自己也有点吃惊，然后跟下面的青蛙打招呼。这只青蛙面向着读者，从正面向读者展示它慢慢飞起来的过程，以及分享的神奇。此书的蝴蝶页一开始就营造了一种悬疑神秘的氛围。但是，环衬这一设计却经常在书籍设计中被忽略。

戴维·威斯纳的成名作无字图画书《疯狂星期二》的环衬。

3）书名页。

书名页也叫扉页，位于环衬之后、正文之前。一般有书名、作者、译者或出版者名字。除上述文字，扉页的作用不容小觑。书名页有交代主角或设置悬念的作用。首先，很多绘本的书名页上会出现故事的主角，借此让读者明白这是关于谁的故事。其次，书名页用悬念吸引读者。例如，《三个强盗》的扉页通过运用暗蓝色背景下三个黑色强盗的形象来营造恐怖又神秘的气氛，谜一样的扉页吸引着读者走进这个黑色幽默的故事。

《三个强盗》的扉页。

（2）页面设计：跨页、边框、位置。

1）跨页。

通过仔细观察，我们可以从绘本的跨页设计中看到画面的韵律。例如，意大利著名插画家 Giuliano Ferri（2010）的《小石佛》中，图画的配置是跨页全景—小图配单张—单张配小图—跨页全景，形成了简单明了的阅读韵律。

2）边框。

Caws（1985）发现，图画中框架（framing）的作用包括分割场景、强调、聚焦、勾勒、区隔与包含等，即使框的大小设计也有其意义，或是表达远景近景，或是表达时间顺序。首先，绘本中当画面透过明确清楚的边框，往往暗示着客观与抽离。许多描绘幻想世界的插画家为了在幻想世界中增加一种纪录片的真实特质，就会运用白色边框。如 Dennis Nolan（2005）的《恐龙梦》等。其次，边框的变化可能暗示意义的转变。例如，在《野兽国》中，马克斯遇到危险时，读者看到他被置于大片留白的边框中，之前的狂野小脾气被吞没；但当他的想象力开始发散时，图开始变大而边框变细。

3）位置。

对象在画面上的位置能决定其在故事中的位置。例如，Virginia Lee Burton（1942）著写的《小房子》中的"小房子"由于从头到尾被放置在图中央，比两旁的角色更有分量。图中对象位置的安排往往隐含深层的含义。例如，形成画面构图的三角形、长方形、正方形和圆形，这些形态会形成次序与平衡，因此，打破这些形态便暗示着人物关系的改变或即将发生转折。若表示故事情节的冲突、张力或者混乱骚动，则画面极少有平衡的构图（Perry Nordman，2005）。

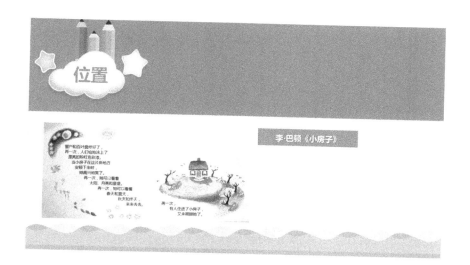

李·巴顿《小房子》

3. 叙事策略

（1）画面描述时间动作。

绘本中的图像有其自身的叙事策略，并以此架构一定的叙事空间。在绘本的特定空间里，时间是动作的容器，因此，绘本最基本的叙事策略之一就是以图像表现时间的推移和描述正发生的动作。如 Rolalnd Penrose（2019）提出，艺术有一种特质，能叫时间停下，却依然能造出运动的幻觉。事实上，绘本所展现的时间推移与动作变换在很大程度上是基于读者在翻页时由左向右的视觉阅读习惯以及充分的想象力。由左向右的惯例非常强势，因此，我们假定人物形象朝向右边就是在前进，时间上也是从左向右推移的。例如，《卷心菜月亮》中的主人公史奎克骑着自行车跑回家时，车头是朝向右边的；《野兽国》中麦克斯一路向右行进才到达野兽国。

图画能够不通过实际的描绘，而是通过对传统惯例的运用，即各种表现运动"典型化"的手法去表现动作的进行。例如，同样的人物以不同的姿势出现，或者同样的场景出现在不同情境中，就可传达出连续动作的感觉（Perry Nordman，2005）。根据约瑟夫·史瓦兹的说法，这可称为"连续叙事"。例如，在绘本《今天，我可以不上学吗?》中，主人公在一个跨页中有五个动作，或仰或俯，形态各异。读者读图时可察觉这是主人公在一次潜水中所展现出来的一系列"连续动作"。此外，"流动感"的动作也能由书本结构设计中产生。正如电影语言一般，绘本插画家也可用镜头拉近拉远、转换角度、俯瞰仰视等运镜手法，使得动感应运而生。例如，David Wiesner（2013）在《疯狂星期二》中不断用各种电影拍摄手法让读者的视线跟着"镜头"移动，像是进行了一次奇幻旅行。

绘本《今天，我可以不上学吗？》

（2）视角调节叙事节奏。

生活中我们通常采用水平位置的平视视角，但绘本的视角即图画中展现的视觉角度却是非常多元的，视角的变化能够控制整个故事的叙事节奏。视角可分为平角、仰角和俯角。平角多用于日常化叙事，使读者与画面主体保持一致性，给读者舒缓平静的感觉；仰角的效果令描述主体形象突出，表现其重要地位；俯角效果则给人以压迫感。例如在《巨人与春天》中，巨人登场时出现在一扇门口，要赶走村里的小孩，此时采用俯视镜头将视角拉高，用巨人的阴影阐释负面压力；另一边，"春天"蜷缩在角落里与巨人和小孩的三角互动关系成为巧妙的三角构图。

视角调节叙事节奏

《巨人与春天》

通常，具有精湛绘画技艺的插画师会对镜头运用与角色结构有充分的观察和深刻的理解，运用多角度、多视点去调节叙事结构，制造充满张力的戏剧效果。

（3）物件隐喻故事线索。

绘本与一般儿童文学作品最大的区别是它为读者提供更为丰富的细节。这也是图像语言与文字语言最大的差别。绘本中的图画能够补充文字未涉及的线索，甚至能与文字无关的图像元素——特殊对象形成另一个双线叙事的闭合故事。例如，在《爷爷一定有办法》中，地下小老鼠一家的变迁虽在作者笔下丝毫没有被提及，但通过呈现老鼠地下生活的隐喻，令读者有更多想象和解读的空间。又如，在《疯狂星期二》中，对于首页看似与主角青蛙无关的配角——那一脸错愕的乌龟和好奇探头的金鱼，作者用无声的图像语言强有力的暗示着这个即将发生的天马行空的故事。

物件隐喻故事线索

《爷爷一定有办法》　　　　　　　　《疯狂星期二》

其实，绘本中很多看似不相关的对象却是整部作品隐蔽的点睛之笔，这些隐喻包含绘图者的匠心独运。其以自己特殊的存在方式与故事形成了某种富有兴味的呼应，大大增强了其叙事效果和文学内涵。在读者看来，这些隐喻了故事线索的对象和细节可以是"仁者见仁、智者见智"的另一番品味与解读。图画的丰富性与包容性也正是绘本阅读最大的魅力之一。

（4）翻页增加叙事张力。

绘本这一图文合奏的特殊文学载体中，翻页的意义显得格外特殊，是绘本最特别的艺术维度之一。即使我们像第一眼扫过一本新书那样忽视那些文字，图画书中的每一张图都为下一张图确立了文脉——成为决定我们如何理解下一张图的先验图示。它建立特定的期待，而我们链接一些图画后所臆测的故事，则仰赖图画和文字二者如何满足或阻碍我们的期待（Perry Nordman，2005）。绘本的翻页承担着制造惊喜、营造空间感、培养读者预测能力和动手能力等重要职责。因此，插画家在设计时必定会考虑通过画面方向、重力导向等在每页画面中制造激发读者翻页的动机（黄晨屿，2018）。例如，在惊险幽默的独幕剧《摇摇晃晃的桥》中，虽然场景不变，但是狐狸与兔子这两个天才演员上演着追赶与被追赶、吃与被吃的滑稽故事，靠着翻页技巧不断制造戏剧冲突和紧张感是该作品的拿手好戏。每个跨页都让读者不断体会着紧张和幽默的神奇艺术效果。

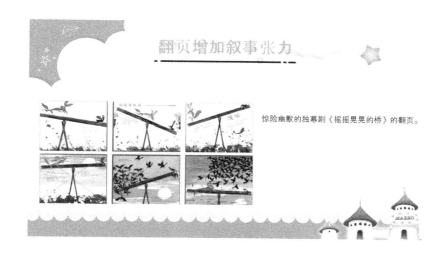

惊险幽默的独幕剧《摇摇晃晃的桥》的翻页。

综上所述，成功的翻页设计能有效加强故事的节奏感与叙事强度，制造一波又一波高潮，不断制造恰到好处的惊喜。

4. 叙事结构

图像的叙事结构与文字并非毫无关联，仔细研究绘本中图文关系的叙事结构，从微观层面来看，可分为增强、补充、背离、矛盾、延伸等情况；从宏观层面概括起来，可分为图文对称、图文互补、图文背离三种。

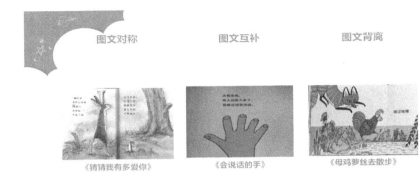

图文对称　　　　　　图文互补　　　　　　图文背离

《猜猜我有多爱你》　　　《会说话的手》　　　《母鸡萝丝去散步》

（1）图文对称。

图文对称，也称"图文并行"，即指图画书的图和文字平行叙事，一一对应地去描述同一个故事。图画所表达的人物、场景和线索通常简洁明朗；文字所表达的意义通常明确简约。例如，在 Sam McBratney（1943）著写的《猜猜我有多爱你》一书中，图像描述是"小兔子站在树下仰望，大兔子已经跳起来并且耳朵达到了树枝的高度；语言描述是"'我跳得多高，就有多爱你。'大兔子也笑着跳起来，它跳得那么高，耳朵都碰到树枝了。这真是跳得太棒了，小兔子想，我要是跳那么高就好了"。该书图文并行的叙事贯穿始终，图画与文字的表达相辅相成。

（2）图文互补。

图文互补，又称"图文交叉"，即指图画与文字不完全相关，但在重新组合后，激发更丰富、多元的意义。通常情况下，图画多用于补充文字不易表达的时空概念、色彩色调等；而文字则用来补充图画无法展示的逻辑关系，如因果关系等。例如，儿童文学家朱自强在《会说话的手》中用文字表达："如果有人问我几岁了，我就这样告诉他"；而图画则出现：一个小男孩歪着脑袋，伸出稚嫩的小手做出"五"的手势，以此来响应文字的疑问。而在《下雪天》中，文字描述下雪天主人公小彼得"他用内八字走路，就像那样"；文字指的"那样"，在图画中已经做出回应告诉读者了。正如 Perry Nordman（2005）所说："藉由相互的限制，文字和图画结合在一起，共同呈现意义，缺其一，就无法完整地呈现意义——文图扮演的是一个让彼此完整的角色。"

（3）图文背离。

图文背离，也叫"图文反讽"，即图文关系背道而驰，呈隔阂状态。Perry Nordman（2005）在其著作中写道："文字与图画最佳且最有趣的结合，并非在于作者和插画家尝试使它们彼此照应和彼此复制的时候，而是当作者和插画家利用不同艺术的迥异性质，传达出不同信息的时候。如此一来，书中的文字和图画彼此之间就形成了反讽关系。"例如，《母鸡萝丝去散步》的图画与文字呈现的状态则是各说各话，看似毫无关系的各自表述，无论在内容还是图画的表现手法上均达成了强烈的反讽的诙谐效果，为读者提供更加丰富的解读空间，这就是"图文背离"的魅力所在。